COGNIÇÃO E SENTIDO

Thales Pereira

COGNIÇÃO E SENTIDO

EDITORA
IDEIAS &
LETRAS

Direção Editorial
Edvaldo M. Araújo

Conselho Editorial
Fábio E. R. Silva
Jonas Luiz de Pádua
Márcio Fabri dos Anjos
Marco Lucas Tomaz
Orlando Augusto Silva Cassiano

Preparação e Revisão
Andresa Mariana
Daniel de Vasconcelos Andrade

Diagramação e capa
Danielly de Jesus Teles

Todos os direitos em língua portuguesa, para o Brasil, reservados à Editora Ideias & Letras, 2024.

1ª impressão

Avenida São Gabriel, 495
Conjunto 42 - 4º andar
Jardim Paulista – São Paulo/SP
Cep: 01435-001
Televendas: 0800 777 6004
Editorial: (11) 3862-4831
vendas@ideiaseletras.com.br
www.ideiaseletras.com.br

Dados Internacionais de Catalogação na Publicação (CIP) de acordo com o ISBD

P436c   Pereira, Thales

Cognição e Sentido / Thales Pereira. – São Paulo : Ideias & Letras, 2024.
280 p. ; 16cm x 23cm.

Inclui bibliografia.
ISBN: 978-65-87295-62-6

1. Cognição. 2. Sentido. I. Título

CDD 153.4
2024-3530
CDU 004.81

Elaborado por Odilio Hilario Moreira Junior - CRB-8/9949

Índices para catálogo sistemático:

1. Cognição 153.4
2. Cognição 004.81

Sumário

Prefacio	7
Prefácio (tradução em português)	9
Introdução	11
1. Cognição e Sentido	17
2. Destino e Liberdade!	39
3. Dilemas e Paradoxos!	61
4. Tempo e Espaço!	75
5. Mudanças e Paradigmas!	85
6. Ser e Não Ser!	103
7. Imanência e Transcendência!	123
8. Guerra e Paz!	145
9. Vontade e Missão!	161
10. O vago e o pleno!	177
11. Medos e Medos!	195
12. Desejo e Amor!	211
13. Silêncio e Reflexões!	221
14. Culpa e Perdão!	235
15. Angústia e Superação!	245
16. Atitude e Aceitação!	261
Referências Bibliográficas	277

PREFACIO

Recebí con gran honor el "convite" (la invitación) para prologar éste libro.

Agradezco este honor. Me conmueve y me alegra, por eso acepté: es una "fiesta" presentarlo.

Para quien lo lea recomiendo prestar mucha atención al compromiso del autor, el Dr. Thales Pereira, con lo que expresa.

Ese compromiso de honestidad es el indicador de una persona que hoy, en éste presente actual *post-modern*, va descubriendo, descubre y transmite para quien lea ésta página la alegria y el entusiamo vocacional de quien está descubriendo "el sentido de la vida".

No es necesario ampliar el prólogo. Seria casi interrumpir la lectura fluida, reflexiva y motivante que el autor ofrece. Prefiero cerrar estas líneas breves com un homenaje a su autor en la propia expresión de él, que usted lector hallará casi llegando al final da la lectura de éstas páginas. Digo "casi" porque ahí, al final, es cuando el autor a través de lo leído invita a recomenzar la lectura para descubrir, hoy, agora, nuevas contibuciones. Ahí el título y el tema:

> "Renascer
> A última inspiração
> O último olhar

O último toque
O último gesto de perdão
A última vontade de amar
Iluminará o coração.
A vida não termina
Apenas ensina
Que o último instante é novo
Um ovo distante do voo
Prestes a renascer.
Enfim,
A chance que Deus dá,
É o início que nascerá
No fim..."

Martha Elena Giuliano de Iglesia
Professora Consultora e Psicóloga Educacional na
Pontificia Universidad Católica Argentina - U.C.A
Buenos Aires – Argentina

PREFÁCIO

Recebi com muita honra "la invitación" (o convite) para prefaciar este livro.

Eu aprecio esta honra. Me emociona e me deixa feliz, por isso aceitei: é uma "festa" apresentá-lo.

A quem o ler, recomendo atentar para o comprometimento do autor, Dr. Thales Pereira, com o que ele expressa.

Este compromisso com a honestidade é o indicador de uma pessoa que hoje, neste atual presente pós-moderno, está descobrindo e transmitindo a quem lê esta página a alegria e o entusiasmo vocacional de quem está descobrindo "o sentido da vida".

Não é necessário expandir o prefácio. Seria quase interromper a leitura fluente, reflexiva e motivadora que o autor oferece. Prefiro encerrar estas breves linhas com uma homenagem ao autor em expressão própria, que você, leitor, encontrará ao final da leitura destas páginas. Digo "quase" porque ali, no final, é quando o autor, através do lido, nos convida a recomeçar a leitura para descobrir, hoje, agora, novas contribuições. Aqui está o título e o tópico:

> "Renascer
> A última inspiração
> O último olhar

O último toque
O último gesto de perdão
A última vontade de amar
Iluminará o coração.
A vida não termina
Apenas ensina
Que o último instante é novo
Um ovo distante do voo
Prestes a renascer.
Enfim,
A chance que Deus dá,
É o início que nascerá
No fim..."

Martha Elena Giuliano de Iglesia
Professora Consultora e Psicóloga Educacional na
Pontificia Universidad Católica Argentina - U.C.A
Buenos Aires – Argentina

INTRODUÇÃO

Não se apague, esperança, não se apague!
Acenda-se antes do fim,
Não me deixe assim...
Não se renda!
Devolva-me!
tp

POR QUÊ? PARA QUÊ? PARA QUEM?

O que mais observamos no mundo atual é que, em sua maioria, as instituições, terapias e livros seguem apontando para a busca do prazer, do poder, do sucesso a qualquer preço, podendo levar o ser humano a sentir-se um "super-homem", mas também pode deixá-lo num abandono de desilusão.

Porém, quando compreendermos que a vida é uma missão, poderemos nos comprometer não só em buscar uma trilha, mas principalmente procurar um caminho de sentido.

O determinismo, que tantos autores atribuem ao caráter total do destino, pode nos levar a crer que subtrairia do homem sua lacuna de liberdade e responsabilidade, no entanto, na ânsia de encontrar um sentido, o ser humano busca ser melhor do que é, e nesse intervalo, pode preencher o vazio que para muitos parece ser inexorável e fatal.

Na busca pelo sentido da vida, podemos encontrar ressonâncias para nos aproximarmos da compreensão da nossa dimensão espiritual como seres responsáveis e livres. Alguns caminhos podem levar o homem a frustrações e a um vazio, com um sentimento de inutilidade, que pode causar-lhe um desespero que o paralisa ou ainda, mesmo diante de tal vazio, pode nascer a vontade esperançosa de desvendar tal mistério que o mobiliza.

Nem sempre são as certezas, mas muitas vezes as dúvidas que nos mobilizam. Devíamos dar mais respostas à vida, mas tendemos a fazer perguntas. Além de perguntarmos "por que" saber sobre o ser humano e seu destino, deveríamos perguntar "para quê"?

Como seria importante saber onde encontrar conhecimento adequado para nosso próprio crescimento e podermos, assim, partilhar. Por exemplo, com os caminhos apontados na extensa obra de Viktor E. Frankl, nos é possível dirimir dúvidas e encontrarmos boas respostas. Certamente faremos reflexões e nos sentiremos convocados a fazer e desfazer os tradicionais diálogos internos, que tanto refazemos em nossos solilóquios.

Segundo Umberto Eco: "há um diálogo entre o autor e seu leitor-modelo". Diz também: "só se fazem livros sobre outros livros e em torno de outros livros".

Quanto a escrever livro sobre livros, parece-nos um misto de tarefas e estudos, como se estivéssemos mapeando o caminho que percorremos, para poder revê-lo em outros momentos.

Um caminho que passa por reflexões sobre desejos, amores, dores, angústias, culpas, guerras etc. pode ser uma forma de se chegar a um melhor entendimento sobre liberdade, superação e aceitação. E assim integrar ideias de alguns pensadores, mesmo que sejam fragmentos de pensamentos, mas que sejam lúcidos e sobre o ser humano.

No entanto, no fundo, é bom saber mais sobre o Sentido da Vida claramente explicado por Viktor Frankl. Algo como quando assistimos a um filme lindo e queremos nos lembrar dos detalhes do filme, repetindo um "trailer" em nossas cabeças. Parece uma boa maneira de pertencer existencialmente aos pensamentos congruentes e coerentes da logoterapia.

Às vezes experimentamos sentimentos, sejam eles esperançosos, espirituosos ou entusiasmados; outras vezes percebemos alguns traços de dilemas e paradoxos inerentes a todo ser humano. Mas isso pode ser, sim, mais uma motivação que nos provoca a ler ainda mais.

Somos reconfortados em procurar algumas raízes e alguns frutos da análise existencial e, assim, podemos percorrer alguns capítulos de autores que despertam a curiosidade e o interesse por diferentes tipos de conhecimento sobre o ser humano.

Podemos nos condenar ou nos desculpar com a mesma ideia de que tudo já está escrito e são livros sobre livros. Se isso for uma espécie de penitência, pelo menos estaremos em condições de dar respostas às perguntas iniciais deste texto: Para quê? Para quem?

Há de se concordar plenamente com o que foi dito anteriormente: "Todo escritor procura o leitor-modelo". Será esse o desejo e a primeira ambição que envolve todo escritor? Haverá leitores que em função do livro buscarão outros livros e compartilharão o que foi escrito?

No entanto, quanto à afirmação de que todo livro será sempre sobre outros livros, precisamos discordar dessa parte, pois se esse livro corresponde à tal afirmação de forma simples, o mesmo não acontece com todos aqueles que escrevem. Basta mirar na plena obra de Viktor Emil Frankl e ali, além de outros livros, encontramos principalmente a sua vida e a indicação de um caminho pelo qual ele percorreu entre sofrimentos e superações, dores e amores, deixando-nos de herança sinais inquestionáveis de que a vida tem sentido.

Para Frankl não se trata apenas de ter uma existência para viver, mas de possuir um sentido de vida e com sua essência de ser e existir. Em cada pessoa existe um sentido de vida a ser descoberto somente por ela própria. Um sentido que pode ser encontrado no amor, no trabalho e até mesmo no sofrimento.

Ele vê os valores vivenciais, que vão desde a capacidade de contemplar a vida quando ela oferece sua beleza e naturalidade; vê valores criacionais quando participamos com nossos afazeres e com nossa criatividade; e, por fim, mostra-nos a nossa melhor condição humana quando vê valores atitudinais que revelam a capacidade de superar as dificuldades. Alerta-nos para que este último seja apenas quando a vida o requer, mas também revela que, apesar de quaisquer circunstâncias, podemos encontrar a melhor atitude a ser tomada.

Sendo assim, a resposta para a pergunta "para quê?" será, sem dúvida, a vontade de que a leitura desperte em algumas pessoas a reflexão sobre a vida, instigando-as nessa busca de sentido. Mesmo que esse livro seja sobre outros livros, manterá a vontade de que o caminho seja bom e em busca de sentido.

E, finalmente, é possível obter sentido em compartilhar ideias sobre ideias que apontem caminhos semelhantes e que possam pertencer a todos num único caminho, mas cada qual seguindo à sua maneira e em sua particularidade.

Thales Pereira

1. Cognição e Sentido

Ah! Se vejo assim o mundo,
com estes olhos de razão,
lá no fundo, bem no fundo...
Nem um palmo de visão!
tp

O mundo parece uma colcha de retalhos, e de cores tão diferentes que o melhor a fazer é participarmos com a nossa parte e, apesar de não concordarmos sempre com certos pontos de vista, podemos auxiliar na busca de melhores compreensões ou aceitar as diferenças que existem, ou, ainda, tolerá-las, mas não é tarefa fácil manter nossa melhor visão desse mundo confuso.

Olhando apenas para uma pessoa não entenderemos o mundo. Muito menos entenderemos quem somos olhando apenas para a humanidade. Mirar o todo sem perder a unidade é tão difícil quanto mirar a unidade sem perder o todo. E por mais que cientistas ou místicos, filósofos, terapeutas etc. busquem compreender essa via de mão dupla, que vai e vem da unidade para a multiplicidade, acabam por sucumbir com algumas ideias tão conhecidas por todos: "Só sei que nada sei". Mas deverá persistir na busca: "Conheça-te a ti mesmo", como nos recomendava o filósofo grego Sócrates.

São escolhas que cansam a todos, mas persistem. Ao desistirmos, damos ao destino ainda mais poder do que ele já possuía. Ao insistirmos, possivelmente não temos mais poderes, mas conseguimos encontrar mais sentido numa humanidade que parece perdida, ou na nossa pessoalidade, para que achemos melhores rumos no destino da vida.

Se, ao admitirmos que tudo o que acontece ao ser humano é determinado por causas anteriores, que interferem absolutamente em seu presente e futuro, estaremos de acordo com os pensamentos dos filósofos deterministas. Estaremos, assim, nos distanciando da responsabilidade de participar da vida e reforçando, de forma niilista, o pensamento (cognição) de que a vida não tem sentido.

Tal forma de dedução parece ser quase inquestionável, pois ao olharmos para o mundo e para os seres humanos em geral, perdemos o fio condutor de qualquer tentativa de desfazer tais ideias acima, pois o mundo, especialmente no que se refere aos seres humanos, revela tanta dor e sofrimento, tanto desconhecimento, que pode nos lançar numa complacência sem fim, ou melhor, numa complacência cujo fim será sempre a desistência.

Porém, se questionarmos em partes e não de forma geral, refutaremos algumas palavras do texto acima: "tudo", "absoluta", "geral", "sempre", "desistência".

Temos que insistir, muitas vezes, nas frestas das possibilidades, mesmo que isso nos pareça tão relativo, mesmo que nos convide a desistir, podemos, em nossa livre escolha, admitir que mesmo que o "mundo" esteja nos "atirando pedras", cabe a nós não revidarmos com ainda mais dor.

Mesmo que seja difícil de entender, sabemos que o ser humano tem aberturas de possibilidades que, inquestionavelmente, revelam que ele, melhor dizendo, que nós, seres humanos, somos autodeterminados.

Sim, são exceções e não regras, mas são também inquestionáveis.

Se a pessoa pensa que é "totalmente" determinada pelo destino, infelizmente poderá se deixar levar por um caminho niilista, vazio, e isso lhe parecerá sem sentido e determinado, mas se pudesse perceber, além da visão lógica do mundo, outras possibilidades, poderia então admitir que a mesma vontade livre que tentava descartar será aquela que, em momentos de exceção, poderá socorrê-la.

Para a lógica temos inteligência, razão, regras, ciência, estatísticas e tantas outras possibilidades, que nos auxiliam. Para aquém da lógica, sabemos dos instintos, nossos desejos, nossas sedes e fomes...

Sabemos dos nossos limites, da nossa condição de animal que somos.

Sabemos do Centauro que somos.[1]

Nossas "prisões".

No entanto, podemos ir um pouco além.

---

1 São seres da mitologia grega cuja cabeça, braços e tronco são os de um homem, e o resto do corpo e as pernas, de um cavalo... (CHEVALIER, Jean; CHEERBRANT, Alain. *Dicionário de Símbolos*. São Paulo: José Olímpio, 10. ed., 1982, p. 219)

Para além da lógica encontraremos esperança, amor, fé, arte, caridade, superações...

Sentido de Vida.

Teremos aqui um outro tipo de liberdade: a liberdade da vontade, como diria Frankl.

São exceções que o animal não tem. Exceções que tornam o ser humano mais específico em sua essência.

São algumas palavras que parecem inexplicáveis, que nem deveriam ser explicadas, mas na tentativa de explicá-las corremos o risco de perder a razão do que é razoável. Vejamos, por exemplo, aquele que ama de verdade não consegue explicar facilmente tal amor. Precisamos da arte, da poesia, entre outros, na tentativa de revelar tão verdadeiro sentimento. Ou nos gestos simples da caridade percebemos a sabedoria do amor ágape.

Corremos o risco de encontrar desesperança na tentativa de explicar a esperança.

Corremos o risco de um cansaço sem fim ao tentarmos explicar o fim.

Mas na coragem de seguir além, de buscar na vontade de sentido um sentido de vida, retomamos a vida, com uma vitalidade, que, já dito anteriormente, é inexplicável.

Somos livres, apesar do cansaço, para aceitarmos o inexplicável Logos:

> O ser humano não é completamente condicionado e determinado; ele mesmo determina se cede aos condicionamentos ou se lhes resiste. O ser humano é autodeterminante. Ele não simplesmente existe, mas sempre decide qual será a sua existência, o que

ele se tornará no momento seguinte. O ser humano é aquilo que ele se torna. O ser humano se determina a si mesmo. Pode se portar como animal, ou como santo. A pessoa humana tem dentro de si ambas as potencialidades; qual será concretizada depende de decisões e não de condições.
(FRANKL, Viktor E. *Psicoterapia e Sentido de Vida.* São Paulo: Quadrante, 1989, p. 65)

Nossa ânsia em sermos aceitos requer também aceitarmos. Na incansável busca para ser quem somos, não é bom concordar com tudo e todos. Aliás, as discordâncias e dúvidas podem ser nossas aliadas, mesmo que fiquem resguardadas com respeito em nosso inviolável pensamento. Quando cada um de nós faz a reflexão da própria vida, certamente o faz de imediato, consultando as bases do "diálogo interno", que temos desde a mais tenra idade, pois do início até o final estaremos "falando a sós" conosco. São os nossos solilóquios.

Estamos no compasso que vai da razão ao coração. Na busca de razão e de sentido. Por exemplo, paremos para pensar nas diferenças entre a LÓGICA e o LOGOS. Se buscarmos e rebuscarmos nos dicionários, encontraremos diversas definições para a lógica, podemos observá-la relacionada ao pensamento, ao raciocínio, à razão, entre outras.

Para o LOGOS, acontece algo parecido, pois serão várias definições também, e dentre elas poderemos ficar com alguns termos, tais como "fundamento", "pensamento", "palavra", "razão", entre tantas outras definições. Para os místicos, Logos equivale ao Verbo Divino.

Claro, encontraremos várias definições de vários autores, mas em nosso dia a dia praticaremos nossas escolhas e liberdades, de acordo com muitas crenças além das nossas, tanto as que aprendemos no decorrer da vida e da educação que recebemos, como as crenças que fomos criando e recriando no trajeto até aqui.

É possível nos arriscar em dizer que a LÓGICA é aquilo que podemos conhecer pela razão, enquanto o LOGOS não podemos conhecer por ser a própria razão. Portanto, no que se refere ao LOGOS, o que é incognoscível, o é por limitações nossas. Assim, se faz necessário observar o que se entende por logos, nas palavras de Viktor Frankl, quando nos explica sobre o suprassentido:

> Suprassentido: este sentido último, necessariamente, excede e ultrapassa a capacidade intelectual finita do ser humano; na logoterapia falamos nesse contexto de um suprassentido. O que se requer da pessoa não é aquilo que alguns filósofos existenciais ensinam, ou seja, suportar a falta de sentido da vida; o que se propõe é antes, suportar a incapacidade de compreender, em termos racionais, o fato de que a vida tem um sentido incondicional.
> O logos é mais profundo que a lógica.
>
> (FRANKL, Viktor E. *Em busca de sentido*. Petrópolis: Sinodal / Vozes, 10. ed., 1999, p. 105)

Quanto à LÓGICA, nossas condições para explorá-la são ilimitadas.

A Terapia Cognitiva, por exemplo, traz de volta as razões que estavam perdidas nas brumas das crenças antigas de nossa infância. Ela alerta diversas vezes para nos atentarmos à ideia de que situações não determinam como nos sentimos, mas sim o modo como as construímos em nossos pensamentos.

A TCC esclarece muito bem que as "situações" são percebidas por nossa "visão de vida", e a maneira que as "construímos" em nossos pensamentos com o que acontece lá fora ("situações") nos leva a encaminhar nossas emoções e condutas de forma saudável ou prejudicial, de acordo com a "construção cognitiva" que fizemos, vindo certamente de nossas crenças antigas ou subjacentes.

Podemos buscar atitudes saudáveis em nosso viver, evitando ou corrigindo pensamentos disfuncionais. É possível fazer isso com a lógica que os autores nos oferecem por meio de pensamentos e "repensamentos" saudáveis e realistas, da prática e exercícios que estão tão bem explícitos nos livros da Terapia Cognitivo-Comportamental.

> Antes de tudo, é preciso entender que o modo de pensar afeta, isto é, influencia o que sentimos. Qualquer situação com a qual nos deparamos nos faz pensar, automaticamente, em coisas boas ou ruins sobre ela. Se penso que estou em perigo, sinto medo; e se penso que algo bom vai acontecer, fico alegre. Assim, qualquer sentimento é geralmente causado por algum pensamento específico. Ao mudarmos nossos pensamentos, também modificamos nossos sentimentos...
>
> (RANGÉ, Bernard; BORBA, Angélica. *Vencendo o Pânico*. Rio de Janeiro: Cognitiva, 2008, p. 32)

Somos inundados com pensamentos niilistas e pessimistas, que, muitas vezes, vêm "embasados em verdades" que parecem ser inquestionáveis e, por isso mesmo, devemos colocar em dúvida tais "certezas" antes de abraçá-las como bússolas em nosso viver. Vale nos resguardarmos com as orientações tão pertinentes e lógicas dos terapeutas cognitivos.

Aaron Beck, com compromisso e responsabilidade, foi um grande pioneiro na busca de repensar as causas da depressão e outros transtornos.

> No fim da década de 1950 e início da década de 1960, o Dr. Beck decidiu testar o conceito psicanalítico de que a depressão é resultante de hostilidade voltada contra si mesmo. Investigou sonhos dos pacientes deprimidos, os quais, segundo sua previsão, manifestariam mais temas de hostilidade do que os sonhos dos controles normais. Para sua surpresa, acabou descobrindo que os sonhos dos pacientes deprimidos continham menos temas de hostilidade e muito mais temas relacionados ao fracasso, privação e perda. Ele identificou que esses temas eram similares aos pensamentos dos seus pacientes quando estavam acordados. Os resultados de outros estudos conduzidos por Beck levaram-no a acreditar que uma ideia psicanalítica — que os pacientes deprimidos têm necessidade de sofrer — poderia ser incorreta (Beck, 1967). Naquele ponto, era quase como se uma imensa fileira de dominós começasse a cair. Se esses conceitos psicanalíticos não fossem válidos, como é que a depressão poderia ser entendida, então?
>
> (BECK, Judith. *Terapia Cognitivo-Comportamental - Teoria e Prática.* Porto Alegre: Artmed, 2. ed., 2013, p. 25)

Podemos dizer, sem pestanejar, que ele, Aaron Beck, foi o pai e o guardião da cognição saudável que tanto necessitamos. Certamente um homem singular, de uma vocação ímpar, que nos proporciona um caminho seguro e eficaz por intermédio de sua obra e vida.

Possivelmente, se o professor e criador da Logoterapia, Viktor Emil Frankl, pudesse dizer algo sobre ele, diria:

> Cada qual tem sua própria vocação ou missão específica na vida; cada um precisa executar uma tarefa concreta, que está a exigir realização. Nisto a pessoa não pode ser substituída, nem pode sua vida ser repetida. Assim, a tarefa de cada um é tão singular como a sua oportunidade específica de levá-la a cabo.
>
> (FRANKL, Viktor E. *Em Busca de Sentido*. Petrópolis: Sinodal/Vozes, 1985, p. 31)

Beck deu à lógica o seu lugar devido, deu à razão um sentido, desvendando os enigmas de crenças negativas, de pensamentos automáticos negativos, possíveis de serem repensados e modificados, numa prática criativa, com valores criadores e vivenciais excelentes, úteis e eficazes. Nos ensinando a romper com pensamentos ilógicos e inferências erradas, que antes nos deixavam perdidos e presos num círculo de pensamentos automáticos negativos.

Não custa lembrar também que Beck deixou a psicanálise por perceber que os resultados terapêuticos eram demorados, e na ânsia de auxiliar o ser humano, escapou de tais "amarras" e revelou novos caminhos a serem seguidos.

Quanto a Frankl, sabemos que ele fez sua crítica a muitos aspectos da obra de Freud, principalmente no que se refere ao "princípio do prazer", pois em sua busca de sentido, propõe que sempre podemos ter a liberdade da vontade, a vontade de sentido.

Enxergava na busca de sentido da vida o princípio de sua obra. Ele diz:

> A finalidade do que chamamos de logoterapia é incluir o logos na psicoterapia. A logoterapia não somente pressupõe o espiritual e o mundo objetivo dos sentidos e dos valores como também se serve deles para fins terapêuticos. A análise existencial, por sua vez, não se limita a apontar o logos entendido como aquilo que "se deve" em cada caso; vai mais longe: o que importa é evocar a existência, definida como aquilo que sempre "se pode" [...] "A logoterapia não pretende ser um substituto da psicoterapia, no sentido estrito do termo." É impossível colocar a logoterapia no lugar da psicoterapia, é necessário apenas complementar a psicoterapia com a logoterapia.
> (FRANKL, Viktor E. *O Sofrimento Humano*. São Paulo: É Realizações, 1. ed., 2019, p. 253-254)

As "situações" por vezes saem do nosso controle. Isso não é raro.

Sabemos o quanto Frankl nos apontou para nossa capacidade de superação, mesmo diante de situações terríveis e desoladoras. E quantas reflexões foram feitas em sua passagem pelos campos de concentração e de extermínio.

Em Auschwitz-Birkenau via aqueles que perdiam a esperança e iam para o fio elétrico das cercas, para se suicidarem. O que pensar daquela situação? O que fazer?

> Entrar no fio?
> Face à situação sem saída, ao perigo de morte a nos espreitar a cada dia; a cada hora e minuto, face à proximidade da morte de outros, da maioria, era natural que quase todos pensassem em suicídio, mesmo que apenas por um momento. Em virtude de certa convicção pessoal, que se esclarecerá adiante, na primeira noite em Auschwitz, pouco antes de adormecer, fiz a mim mesmo a promessa, uma mão apertando a outra, de não "ir para o fio".
>
> (FRANKL, Viktor E. *Em busca de sentido*. Petrópolis: Sinodal/Vozes, 10. ed., 1999, p. 27)

Adentrando um pouco mais nas "situações de vida" que a logoterapia exemplifica através da vida e obra de Viktor Frankl, poderemos reafirmar como coerente a frase do criador da logoterapia:

> A busca de sentido pode causar tensão interior, porém esta tensão é pré-requisito para a saúde mental. A saúde mental está baseada em certo grau de tensão entre aquilo que já se alcançou e aquilo que ainda se deveria alcançar, entre o que se é e o que se deveria ser. (*Ibidem*, p. 95-96)

Veremos que Beck também é cauteloso e cuida de evitar os excessos: "A terapia cognitiva busca aliviar as tensões psicológicas por meio da correção das concepções errôneas. Ao corrigir as crenças errôneas, podemos acabar com as reações excessivas". E Judith Beck ressalta:

> Por vezes, é importante que o paciente não só identifique suas emoções, mas também quantifique o grau da emoção que está experimentando. Alguns têm crenças disfuncionais quanto à experiência da emoção (Greenberg, 2002; Holand, 2003; Leahy, 2003) – por exemplo, achando que se sentirem apenas um pouco de angústia, ela irá aumentar e se tornar intolerável [...] A maioria dos pacientes aprende a julgar a intensidade de uma emoção com facilidade.
> (BECK, Judith S. *Terapia cognitivo-comportamental: teoria e prática*. Porto Alegre: Artmed, 2. ed., 2013)

A TCC (Terapia Cognitivo-Comportamental) tem como base enfatizar a relação entre os pensamentos, as emoções e os comportamentos do ser humano.

Considerando que o ser humano é um ser que pensa, sente e age, estamos, então, com um excelente instrumento terapêutico, o qual auxilia a pessoa a refletir e repensar sobre pensamentos automáticos negativos, podendo melhorar significativamente suas emoções e condutas e, retroativamente, reorganizar seus pensamentos, renovando aqueles que antes eram prejudiciais, reforçando os que são bons e valorosos e enfraquecendo as danosas crenças nucleares.

Ao repensarmos sobre o que sentimos, quando isso é fruto de pensamentos automáticos negativos, podemos melhorar nossa visão para o mundo e diminuir os excessos de angústia e ansiedade que tanto nos afetam, mas não as abolimos totalmente, pois sabemos que é parte natural dos seres humanos. Certamente, lapidamos os excessos, retiramos esse automatismo negativo, abrindo portas para reflexões saudáveis e realistas. Isso é possível tanto no trabalho da Terapia Cognitiva quanto na Logoterapia.

Vejamos, por exemplo, o modelo ABC, que Albert Ellis, criador da Terapia Comportamental Racional Emotiva (TCRE), nos esclarece sobre as situações e respostas:

A- Acontecimentos da vida.
B- Crenças ("beliefs").
C- Condutas - com suas consequências
   emocionais e comportamentais.

Imaginemos como exemplo um paciente que se queixa de que, ao atravessar uma rua, um amigo antigo não lhe cumprimentou (situação A), e em seu pensamento automático negativo inferiu imediatamente que tal amigo estivesse com raiva dele (crença B), portanto, ficou a maior parte do dia "ruminando" angustiosamente e perguntando a si mesmo o que lhe havia feito para que o outro ficasse com raiva. Pensava: "O que eu teria feito? O que eu deveria fazer agora? As coisas comigo são sempre assim e nada há que eu possa fazer para mudar."

Ficou arredio, cabisbaixo, sendo perceptível aos familiares ao redor, que inclusive percebiam também certa irritabilidade que não condizia com seu jeito de ser, segundo relatos do próprio paciente (consequência C).

Desde que ele deduziu uma única hipótese, numa disfunção cognitiva, ficou preso a ela como na conhecida história do elefante, que vale ilustrar agora:

> O ELEFANTE E A CORDA
> (por Paulo Coelho)
>
> Eis o procedimento adotado pelos treinadores de circo, para que os elefantes jamais se rebelem – e eu desconfio que isso também se passa com muita gente. Ainda criança, o bebê-elefante é amarrado, com uma corda muito grossa, a uma estaca firmemente cravada no chão. Ele tenta soltar-se várias vezes, mas não tem forças suficientes para tal.
>
> Depois de um ano, a estaca e a corda ainda são suficientes para manter o pequeno elefante preso; ele continua tentando soltar-se, sem conseguir. A esta altura, o animal passa a entender que a corda sempre será mais forte que ele, e desiste de suas iniciativas. Quando chega a idade adulta, o elefante ainda se lembra que, por muito tempo, gastou energia à toa, tentando sair do seu cativeiro. A esta altura, o treinador pode amarrá-lo com um pequeno fio, num cabo de vassoura, que ele não tentará mais a liberdade.

É evidente que são várias as prisões a que somos submetidos, pois não somos prisioneiros, mas muitas vezes estamos prisioneiros. Desfazer tais prisões e amarras parece ser uma boa busca para retornarmos a quem verdadeiramente somos e queremos ser. Também vale ressaltar aqui o posicionamento elucidativo sobre crenças que nos aprisionam, e sequer damos conta:

CRENÇAS

No começo da infância, as crianças desenvolvem determinadas ideias sobre si mesmas, sobre as outras pessoas e o seu mundo. As suas crenças mais centrais, ou crenças nucleares, são compreensões duradouras tão fundamentais e profundas que frequentemente não são articuladas nem para si mesmo. A pessoa considera essas ideias como verdades absolutas – é como as coisas "são".

(BECK, Judith S. *Terapia cognitivo-comportamental: teoria e prática.* Porto Alegre: Artmed, 2. ed., 2013, p. 52)

No caso do paciente acima, o terapeuta o auxiliará, oferecendo, por meio da psicoeducação, opções para rever suas deduções e orientá-lo sobre melhores interpretações do ocorrido, repensando, por exemplo, que tal amigo não o tivesse visto, hipótese mais propícia.

Com o resgate da LÓGICA, tudo fica mais claro e o paciente dá mais um passo em direção à cura. Consciente de que as tarefas no combate aos tais pensamentos automáticos devem ser realizadas de forma clara e com honrada decisão. Este é um pacto que pode ser feito com o terapeuta, mas deve, à posteriori, fazer e refazer tal pacto com ele mesmo. Repensar, de forma consciente, enfraquece os pensamentos automáticos e, consequentemente, as danosas crenças centrais (desamor, desamparo, desvalor).

É lúcido e saudável reaprender na vida a amar, valorizar e amparar o que merece ser amado, valorizado e amparado. No entanto, por vezes, somos invadidos por excessos de desarmonia que o mundo, com sua complexidade, nos provoca. Em "situações dramáticas", usamos todos os nossos recursos lógicos, mas principalmente recorremos a exemplos de exceções para compreender melhor a capacidade humana de aceitação e transformação.

Antes de seguir com tal texto é necessário relembrar que o uso do modelo ABC, que Albert Ellis nos ensinou, é usado em sessões de terapia, com auxílio do terapeuta cognitivo. No entanto, mirando o passado, podemos refletir sobre o que se passou em nossas vidas e como foram nossas reações, assim, perceberemos que o modelo ABC, que nos referimos acima, pode ser repensado.

Será possível entrelaçar a logoterapia e a TCC sem ofendê-las?

Voltando à Frankl, por exemplo, quando cita que:

> A busca de sentido pode causar tensão interior, porém, essa tensão é pré-requisito indispensável para a saúde mental. A saúde mental está baseada em certo grau de tensão entre aquilo que já se alcançou e aquilo que ainda se deveria alcançar, entre o que se é e o que se deveria ser.
>
> (FRANKL, Viktor E. *Em Busca de Sentido*. Petrópolis: Sinodal/Vozes, 1999, p. 95-96)

Vemos, por sua vez, que a Logoterapia busca, além da lógica, o sentido da vida, mesmo que, ao invés de equilíbrio, seja necessário passar por certas tensões que, bem sabemos, são muitas vezes inevitáveis. Mas se a busca é para realizar o devir, o "vir a ser" que tanto desejamos ser, temos como consequência (C) certas tensões (A), para isso, precisamos compreender o que Frankl nos aponta como "pré-requisito" indispensável para a saúde mental (beliefs B). Isso se parece com a autorreflexão que ele nos exorta a fazer quando cita o filósofo Sócrates: "Conheça-te a Ti mesmo"; e o poeta Píndaro: "Torna-te quem Tu és".

Ainda usando o modelo ABC citado, vemos que Frankl, refletindo sobre o passado, claro, já acontecido (A), e com suas consequências (C), nos leva a repensar (beliefs B).

Pois, então, seguem dois textos que falam por si:

> Viva como se estivesse vivendo pela segunda vez e, na primeira vez, tivesse cometido todos os erros que está prestes a cometer agora.
>
> (FRANKL, Viktor E. *Em Busca de Sentido*. Petrópolis: Sinodal/Vozes, 1999, p. 127)

> [...] no meu passado tenho eu realidades, em vez de possibilidades: não apenas realidades das obras realizadas, mas a do amor amado e a das dores sofridas. E por estas é que mais orgulho eu sinto, muito embora sejam elas as que menos inveja despertam...
> (*Ibidem*, p. 66)

Quando miramos o futuro pelo prisma da logoterapia, somos convidados, ou, por vezes, nos sentimos convocados a buscar sentido e razão, seja no amor, no trabalho e até mesmo no sofrimento. Os textos acima parecem ser um ponto alto para tomarmos um autodistanciamento de quem somos e fazermos boas reflexões, renovando nossas crenças de amor e valor. Já os textos que se seguem nos remeterão a pensarmos e repensarmos (beliefs B) também sobre a autotranscendência:

Vejam os textos a seguir e o quanto são autoexplicativos e muito nos orientam:

> A busca da pessoa por um sentido de vida é a motivação primária em sua vida, e não uma racionalização secundária de impulsos instintivos. O ser humano é capaz de viver e até morrer por seus ideais e valores. (*Ibidem*, p. 92)

> É exatamente a busca ansiosa da felicidade que impede a felicidade. (*Ibidem*, p. 41)

> [...] o ser humano não é alguém em busca da felicidade, mas sim alguém em busca de uma razão para ser feliz. (*Ibidem*, p. 119)

Podemos acreditar que Frankl, por exemplo, em situações extraordinariamente trágicas, pode ver além da lógica. E assim, muitas vezes, passou a enxergar além da razão e tornou-se coerente em casos de exceções. Apropriou-se não do sofrimento, mas da sua possível superação.

Sem querer ser trágico, mas "otimista trágico", como diria ele, vale citar um texto que encontramos em alguns livros de Frankl, quando ele questiona um pensamento supostamente lógico de Freud, mas que carece do logos, do suprassentido:

> [...] Sigmund Freud afirmou em certa ocasião: 'Imaginemos que alguém coloca determinado grupo de pessoas, bastante diversificado, numa mesma e

> uniforme situação de fome. Com o argumento de necessidade imperativa da fome, todas as diferenças individuais ficarão apagadas, e em seu lugar aparecerá a expressão uniforme da mesma necessidade não satisfeita.' Graças a Deus, Sigmund Freud não precisou conhecer os campos de concentração do lado de dentro. Seus objetos de estudo se deitavam sobre divãs de pelúcia desenhados no estilo da cultura vitoriana, e não na imundice de Auschwitz. Lá, as "diferenças individuais" não se "apagaram", mas, ao contrário, as pessoas ficaram diferenciadas; os indivíduos retiraram suas máscaras, tanto os porcos como os 'santos'. (*Ibidem*, p. 128-129)

Podemos ver aqui o quanto uma situação de vida requer uma visão e revisão.

Frankl não deixava espaço para significados banais, mas procurava incansavelmente o sentido (o logos) no que via. E além de procurar compreender o sentido, apesar daqueles barracões gélidos, procurava dar sentido a cada instante vivido e para cada um que ali dividia aquele sofrimento. Pode-se perceber em seus livros o cuidado que ele dispunha para ver no outro ser humano um ser "único e irrepetível", dando um valor inestimável à vida sem perder a dignidade:

> [...] é precisamente da imperfeição do homem que deriva o caráter indispensável e insubstituível de cada indivíduo, pois ainda que o indivíduo seja na verdade imperfeito, cada qual o é a seu modo.
>
> (FRANKL, Viktor E. *Psicoterapia e Sentido de Vida*. São Paulo: Quadrante, 1989, p. 114)

Há de se frisar que Frankl segue em direção ao Logos, ao sentido da vida, nos propondo suportar "a incapacidade de compreender, em termos racionais, o fato de que a vida tem um sentido incondicional".

Questiona sobre o sentido da vida e, apesar de todo sofrimento que passou, nos convida a repensar sobre nossos próprios sofrimentos e mirarmos nossa forma de crer na vida e rever, rever...

> A maioria se preocupava com a questão: "será que vamos sobreviver ao campo de concentração? Pois caso contrário todo esse sofrimento não tem sentido". Em contraste, a pergunta que me afligia era outra: "Será que tem sentido todo esse sofrimento, essa morte ao nosso redor? Pois caso contrário, afinal de contas, não faz sentido sobreviver ao campo de concentração".
> Uma vida cujo sentido depende exclusivamente de se escapar com ela ou não e, portanto, das boas graças de semelhante acaso – uma vida dessas nem valeria a pena ser vivida.
>
> (FRANKL, Viktor E. *Em busca de sentido*. Petrópolis: Sinodal/Vozes, 10. ed., 1999, p. 68)

O mesmo se dá com os questionamentos que tanto fazemos sobre nossa liberdade, nossos instintos, nossa espiritualidade. Por isso, vale visitar as páginas do livro *Em busca de sentido* e questionarmos, com o autor, sobre as prisões a que somos submetidos:

Em certas situações (A), o que crer (B) e o que sentir e fazer (C):

> Onde fica a liberdade humana?
>
> [...] Será que a pessoa nada mais é que um resultado da sua constituição física, da sua disposição caracterológica e da sua situação social? E, mais particularmente, será que as reações anímicas da pessoa a esse ambiente socialmente condicionado do campo de concentração estariam de fato evidenciando que ela nem pode fugir das influências desta forma de existência às quais foi submetida à força? Precisa ela necessariamente sucumbir a essas influências? Será que ela não pode reagir de outro modo, "por força das circunstâncias", por causa das condições de vida reinantes no campo de concentração? (*Ibidem,* p. 66)

O logos, apesar de incognoscível, é incondicional.

A lógica, tão necessária, é um caminho.

O logos é a busca do caminho, mas pode ser compreendido como o caminho da busca.

Somos discípulos em busca de melhor compreensão.

Isso nos faz lembrar a história em que Cecília Meireles, no seu livro *"Escolha o seu sonho"*, se refere elegantemente ao poeta e mestre Bachô, que vê por outro prisma o haikai que seu discípulo Kikaku fez:

> "Uma libélula rubra.
> Tirai-lhe as asas:
> uma pimenta."

> Bachô, diante da imagem cruel, corrigiu o poema de seu discípulo com uma simples modificação dos termos:

> "Uma pimenta.
> Colocai-lhe as asas:
> uma libélula rubra."

> Este pequeno exemplo de compaixão, conservado num breve poema japonês de trezentos anos, emociona e confunde estes nossos grandiosos tempos bárbaros. Mas sua luz não se apaga, e até se vê melhor — porque vastas e assustadoras são as trevas dos nossos dias.
>
> (MEIRELES, Cecília. *Escolha O Seu Sonho (crônicas)*. Rio de Janeiro: Editora Record, 12. ed., 2001, p. 13-14)

Enfim, continuam "vastas e assustadoras as trevas dos nossos tempos".

A lógica e o sentido da vida por vezes pedem socorro. Mas quem poderia socorrê-los? O sentido (logos) e a lógica precisam ser compreendidos. Parece-nos sempre que estamos enredados na escolha entre a "pimenta" e a "libélula".

Todo ser humano caminha por essa Terra procurando ter as mais claras certezas sobre o futuro, sobre si mesmo e sobre o mundo! Nesse movimento interno, remexem-se as emoções e condutas, paradoxalmente entre o que se é e o que se deveria ser. No entanto, além de caminhos, existem os mestres, assim como Bachô, Beck, Frankl e muitos outros, os quais nos ensinam que a busca de "certezas" nos traz mais "dúvidas", mas com o exercício de aceitação e tolerância, sem se perder em falsas deduções ou tolas resignações, nos traz maior compreensão.

2. Destino e Liberdade!

Não sei quem escolhe quem,
Mas quando encontro a PALAVRA,
É quando a PALAVRA me acolhe,
E me socorre também.
tp

Sabemos que podemos ir além dos instintos e até mesmo da inteligência. Com a análise existencial de Frankl, veremos adiante que somos mais que instintos, emoções e razões, pois em nossa singularidade somos seres espirituais.

Lembremo-nos que, a cada momento, estamos diante de um mundo de decisões e "posicionarmo-nos" não é uma prisão, mas faz parte da nossa liberdade. Não é negando a existência dos instintos, mas superando-os, se necessário, com nossa liberdade de escolha, que estaremos mais livres. Sabemos também que, mesmo com uma resposta simples, vamos participar e moldar parcialmente o destino, que é a semente da autonomia e precisamos cultivá-la.

Vale citar o simples e comum exemplo de uma jovem estudante de engenharia que quando procurou auxílio psiquiátrico pela primeira vez, para combater um quadro depressivo, encontrava-se no último ano da faculdade e sofria de distúrbios de humor, ficou durante todo aquele período da universidade lutando contra uma angústia constante e humor irritadiço frequente. Um quadro distímico que necessitava de tratamento por período prolongado. Ao aceitar tal ajuda, pôde concluir as últimas semanas de estudo com melhor ânimo e bom humor.

Embora tenha tido inicialmente o livre-arbítrio de aceitar ajuda, com o passar do tempo, infelizmente, teve a liberdade de abandonar o tratamento. Soubemos disso quando voltou ao consultório após cinco anos, devido a uma recaída, buscando retomar o tratamento que havia abandonado. Agora, nessa nova fase, apesar de estar trabalhando como engenheira concursada, com boa desenvoltura técnica e capacidade prática, retornou com as mesmas queixas da primeira vez, com forte angústia e irritabilidade, precisando se desdobrar para cumprir com as suas tarefas.

Revelou, é claro, que precisava do medicamento, mas que não gostava de pensar que teria que tomá-lo por tempo prolongado. Porém, desta vez, estava disposta a seguir o protocolo, independentemente do tempo que fosse necessário. Inclusive, estava também em acompanhamento psicológico e sua terapeuta compartilhava tal proposta. Assim, pôde perceber que tem a liberdade de fazer bom uso de seu livre-arbítrio.

Isso se parece com a frase do poema de Camões: "estar-se preso por vontade".

Falar a sério sobre a liberdade de escolha sempre vai exigir algum esforço. Compreenderemos muitos pensadores, filósofos, psicólogos e profissionais de todas as esferas da vida e certamente enfrentaremos um assunto inesgotável. Saberemos então deixar a seriedade de lado para falar sobre o livre-arbítrio de uma maneira simples?

Certamente somos capazes de relaxar sobre este assunto porque nos é dada essa liberdade. Se fizermos isso, estaremos aparentemente livres de quaisquer condições associadas a nós, sem amarras. Mas podemos cair nas armadilhas do niilismo e do vazio, perdendo o roteiro e nosso próprio caminho.

Também podemos trilhar um caminho de esforço e cuidado para compreender alguns pensadores, mesmo sabendo de antemão que é impossível esgotar o assunto. E, além disso, não há obstáculo para observar e aprender com a simplicidade popular, provérbios e aforismos que tanto nos enriquecem. Na verdade, essa determinação é livre. A disposição é a própria liberdade e nossas escolhas traçam os rumos do caminho.

Vale citar um provérbio: "Quem não sabe o que procura, quando acha não reconhece". É interessante podermos retirar da sabedoria popular a indicação para nossa procura. Se conhecemos e reconhecemos com maior compreensão o livre-arbítrio, devemos saber que, ao procurarmos tal entendimento, esbarraremos algumas vezes em pensamentos complexos; outras, em pensamentos simplistas. Ao buscarmos tal compreensão, a encontramos nas entrelinhas do destino, da liberdade e suas complicações.

Liberdade e destino são como a sombra e a luz. Impossível falar de uma sem falar da outra. O que é o destino para uns e o que representa para outros? E para cada um de nós, o que pensamos e, sobretudo, como nos relacionamos com a ideia que temos ou aceitamos sobre o destino? Somos realmente livres para decidir sobre nossos rumos, ou parcialmente livres? Estamos fechados no mundo dado pelo destino? Será que as dúvidas e certezas que temos afetam nossas vidas e nosso dia a dia?

Pensando de uma forma ou de outra nortearemos caminhos. São dúvidas e questões que não apenas os filósofos sabem responder. Mas, se olharmos para as respostas ambivalentes, veremos que os filósofos também são mortais e falíveis como nós e não obtiveram todas as respostas.

Constantemente encontramos dúvidas sobre esses dois temas: liberdade e destino. Isso torna nossas decisões mais difíceis. Muitas vezes pisaremos em terreno de dúvidas. Esses são os principais caminhos de decisões e escolhas.

Ao evitarmos, às vezes de forma radical, as dúvidas do pensamento, beberemos de uma única fonte sem ao menos conhecermos outras fontes para melhor sabermos sobre o assunto e, ainda assim, poderemos ficar sem rumo para seguir, agindo como uma folha ao vento. Seguiremos de forma desgovernada, podendo perder o rumo. A "não escolha" é também uma inocente e perigosa escolha.

Somos influenciados e influentes. Nada demais! Podemos aprender e ensinar. Mas, com os exageros, quando nos tornamos rígidos e inflexíveis ou quando não questionamos nada e seguimos sem norte, num "Deus dará" tão em voga nestes tempos frágeis, perdemos a direção.

Afinal, o que pensamos sobre o destino? O que sabemos? E, acima de tudo, o que não sabemos? Será que o ser humano é uma marionete nas mãos do destino? Uma alma presa com rumos marcados e sem liberdade?

Na mitologia grega, o destino é um deus cego, filho do caos e da noite, e carrega em suas mãos a urna fatal que encerra a sorte dos mortais.

O destino é realmente um deus cego?

Certamente encontraremos pessoas resignadas entre nós e, quando se tratar de aceitação, podem deixar de tecer suas próprias vidas permitindo assim que as linhas do destino as guiem. Mas se o caminho individual consiste em aprender, assim é com o caminho da humanidade. Seguimos caminhos de crenças, ideias e filosofias, passando por todos os tipos de influências.

Não há como negar a miscelânea de informações que leva a humanidade a seguir um zigue-zague tão cego quanto o destino dos gregos.

A questão permanece: o destino sempre nos comanda, ou a crença de que ele está no controle acaba sendo o outro comando regulador em nossas vidas, fechando-se em um ciclo vicioso que nos rouba o poder da autonomia? Daríamos a este servo destino mais asas do que ele realmente merece? Qual seria o risco de isso acontecer?

Vejamos: o homem com essas crenças estaria à mercê de um destino determinado, imutável e tão submisso que não poderia fazer nada, chegando a um perigoso conformismo. Tais crenças existem desde os tempos antigos e continuam existindo ainda hoje, com muitas pessoas que, distraidamente, não procuram a bússola do seu ser.

Forças inexoráveis como a alma, a inteligência, a vontade, o bem, o mal, a natureza, o homem, os instintos, e muitos outros pontos, podem ser o fio condutor para compreender o livre-arbítrio ou permanecer como o ponto de discórdia para ser pego em um nó cego sem saída; ou, pior ainda, ser a justificativa para se defender da responsabilidade da vida, ou seja, se eximir das obrigações que a vida assume e culpar o mundo, ou os instintos, ou a natureza, por tudo que vem à mente de bom ou mau.

Os instintos podem tornar uma pessoa escrava, com a ilusão de que ela é dona de si mesma; mas sempre perderá se não souber como se desenvolver em busca de uma melhor compreensão da vida. As diretrizes para tal entendimento podem ser explicadas por Viktor Frankl:

> Não negamos, portanto, os instintos em si, e isto é válido não só do ponto de vista ôntico, como do ético: onde é oportuno, o homem deve e pode afirmar os seus instintos; mas eu não posso, porém, afirmar alguma coisa sem que tenha tido antes liberdade, mesmo para negar. E tudo depende desta liberdade. Importa, para afirmar os instintos, não negar a liberdade perante eles. Importa afirmar os instintos, mas não afirmá-los à custa da liberdade, mas sempre no contexto, e em nome da liberdade. Importa afirmar os instintos sem nos entregarmos a eles ou abandoná-los.
>
> (FRANKL, Viktor E. *Fundamentos Antropológicos da Psicoterapia.* Rio de Janeiro: Zahar, 1978, p. 157-158)

O ser humano é livre quando responde à vida, porque assim a tece e, com o fio da meada nas próprias mãos, é também construtor de um mundo melhor.

Além da inteligência para tomar decisões, o homem tem vontade nas suas decisões, pois é um ser que vive escolhendo. Essa é a luta eterna do ser humano, que o solta ou amarra-o, que o liberta e o angustia, mas que também pode impulsioná-lo para frente.

Sempre nos deparamos com escolhas que têm que ser selecionadas e, quando tomamos nossas decisões, tornamo-nos livres e responsáveis até o próximo momento que nos levará a outras escolhas, as dúvidas e deveres que são tarefas genuinamente humanas para tecermos a trama da vida e nos mantermos livres.

Queira ou não, é por meio das escolhas que tecemos parte por parte a tarefa e missão de viver, e somente no final poderemos compreender o todo. Nessa busca de sentido ansiamos por ser livres, para fazermos parte do próprio destino, ainda que parcialmente.

O ser humano autoconsciente é livre e responsável e pode se realizar em suas escolhas de valores. Outras vezes, o homem segue caminhos errados, que o levam a um beco sem saída e, sentindo-se impotente e prisioneiro do destino, acaba aceitando sua sorte ou azar como algo imutável ou incompreensível.

Os pensadores influenciam a humanidade e, como tal, influenciam o destino, mesmo quando acreditavam que este não pode ser influenciado. Há quem creia que as leis fixas estão governando nossa vida e que tudo depende dessas leis; que nossa capacidade de autodeterminação não é nada próxima do determinismo que ocorre no Universo. Isso é algo devastador e perigoso, pois pode nos atirar no fundo de um poço abandonado, nos transformando em seres incrédulos e pessimistas com ares realistas.

Anuir a um determinismo fatalista é o mesmo que cruzar os braços e confirmar que existe uma tola cegueira que obedece às leis de um destino inflexível. Se, por um lado, há quem coloque o poder da sua vida nas mãos do destino, também há quem ache que o destino não possui poder e que tudo depende da sua própria criação. É um pensamento perigoso, por querer ser onipotente. Se não podemos perder de vista nossa capacidade criadora, tampouco devemos negar nossa condição de criatura, humildade peculiar e condição humana.

Somos frutos de influências e orientações. Nossos pais e mestres nos passaram valores que incorporamos à nossa vida de tal forma que, com o tempo, passam a fazer parte da própria personalidade.

Lutamos também contra muitos fantasmas e desvalorizações que recebemos dos mesmos pais e professores, visto que também eles tinham os seus defeitos. Eric Berne, criador da Análise Transacional, refere-se ao destino, subdividindo-o em quatro:

> As forças do destino são quádruplas e amedrontadoras: programação parental diabólica, sustentada pela voz interna que os antigos chamavam de Daemon; programação parental construtiva, auxiliada

pela confiança na vida, denominada Phusis; forças externas, conhecidas ainda hoje como Destino; e finalmente as aspirações independentes para as quais os antigos não tinham um nome humano, uma vez que estas eram privilégios dos deuses e em especial dos Reis.

(BERNE, Eric. *O que você diz depois de dizer olá? A psicologia do destino*. Barueri: Nobel, 1991, p. 60)

Não precisamos ser reis para ter aspirações e decisões autônomas. Podemos nos fortalecer, mas sem deixar de entender que, às vezes, somos movidos por forças que não são aquelas que predeterminamos ou escolhemos.

O destino cego tem sido o grande desconhecido dos filósofos, pois os coloca em confronto com a liberdade. Em todo caso, onde está a liberdade: no conhecimento, na razão, na vontade, na alma ou nas crenças? Na verdade, é fácil lidar com o livre-arbítrio, mas tão importante quanto isso é sabermos que estamos em posição de escolher e temos a liberdade de escolha arraigada em nossa vida.

Além dos instintos também existe a inteligência; além da inteligência, a espiritualidade. Quem é quem? Qual será a verdadeira hierarquia entre instinto, inteligência e espiritualidade? Há um conhecimento inato, além dos instintos, que é a sabedoria. Além do intelecto, verifica-se uma dimensão espiritual. Sabemos qual é a autoridade máxima entre o coração, a sabedoria e o espírito.

Com as explicações de Viktor Frankl, sob as quais podemos refletir melhor, seguem outras diretrizes:

> Não negamos, de modo algum, a vida instintiva, o mundo dos instintos do homem. Assim como não negamos o mundo exterior, não negamos o mundo interior; não somos solipsistas nem em relação ao mundo circundante, nem solipsistas, no sentido figurado, com relação ao mundo interior. O que todavia acentuamos é o fato de que o homem, como ser espiritual, não só se encontra colocado em face do mundo - interior e exterior - mas também toma posição em relação a ele; pode, de qualquer modo, sempre, 'tomar posição', 'comportar-se' perante o mundo, e este comportar-se é propriamente livre. O homem, em cada momento da sua existência, toma posição tanto perante o ambiente natural e social, perante o meio exterior, como perante o mundo interior vital psicofísico, o meio interior.
>
> (FRANKL, Viktor E. *Fundamentos Antropológicos da Psicoterapia.* Rio de Janeiro: Zahar, 1978, p. 157-158)

Há conhecimento que vai além da inteligência e da mente.

São muitos instintos e somos diversos em nossa inteligência, porém, únicos em nossa dimensão espiritual.

Ser único é uma grande riqueza e característica humana.

Mas o que é único nas pessoas?

Sua impressão digital? Sua inteligência ou seus sentimentos?

Sabemos que o homem é diverso, ou como dizem os poetas: "O homem é muito". O que é único e o que permanece único no fato de ser tão diverso?

Basta perguntar à pessoa mais simples, desde que tenha fé, que logo nos dirá que o homem é único em sua espiritualidade, pois eleva-se em sua consciência maior e melhor, mas para atingir essa consciência, está sempre às voltas com sua própria vontade e com a responsabilidade sobre as escolhas que fará. Afinal, a compreensão continua a ser uma grandeza. A consciência maior vive na dimensão espiritual. Quem entende isso vai se sentir especial e confortável com a vida, mesmo com os obstáculos da trajetória. Mas, certamente, se sentirá mais responsável com a jornada, com o mundo e com o próximo.

Toda pessoa é única e poderá perceber e compreender cada ser humano como único e especial também, pois sabe que ali existe um espírito.

Sabemos que as coisas do mundo podem nos dar alegria, medo, euforia, um pouco de paz. Contudo, a paz verdadeira e a felicidade residem não somente na busca, mas em nossa dimensão espiritual. Compreendemos também que a nossa paz é única e, acima de tudo, deve ser buscada todos os dias e a cada hora.

Muitas vezes, o destino fica do nosso lado e nos dá um pouco de paz, outras vezes, cobra-nos caro, mas buscamos o sentido da vida, para que nessa colheita a paz venha como um fruto merecido. Momentos esses que necessitamos "remar contra a maré". Ironicamente, precisamos de perseverança para encontrar paz interior e pensar sobre a vida e seus propósitos.

Há uma parte do destino que nos assusta ou nos surpreende; não nos pertence, mas nos invade. Outra parte, embora nos pertença, aparenta estranheza e nos paralisa. Existe uma parte em nós que nos move e nos motiva a seguir como parte da realização de nosso próprio destino.

Com uma boa reflexão podemos nos dar o conhecimento de que o nosso destino não é tão cego. Precisamos de atenção frente a qualquer possível influência, mas não podemos esquecer que também exercemos influências tanto a nível pessoal como social. Precisamos de coragem e atenção para que possamos construir nossas vidas; de serenidade para repensar a existência e seu significado.

Experimentamos o destino com sentimentos de preocupação, expectativa, resignação e desespero, mas neste confronto também teremos a esperança como emoção aliada.

Sem querer entrar em detalhes vemos que, diante do destino, vivenciamos diferentes tipos de sentimentos, o que nos leva a crer que temos vários caminhos e que não estamos perdidos numa vereda sem rumo ou numa rua sem saída. A escolha, mesmo diante do inevitável, será sempre uma possibilidade humana.

> A liberdade de decidir, o chamado livre-arbítrio, é coisa óbvia para o homem sem preconceitos, que tem experiência vivencial e imediata de si, como ser livre. Para se poder pôr seriamente em dúvida o livre-arbítrio, é preciso estar-se tolhido por uma teoria filosófica determinista ou sofrer de uma esquizofrenia paranoica, numa vivência da própria vontade como algo não livre, como algo "feito". Mas no fatalismo neurótico, o que há é um livre arbítrio encoberto: o homem neurótico barra a si próprio o caminho para as suas próprias possibilidades: atravessa-se a si próprio no caminho que o levaria ao seu 'poder-ser'.
>
> (FRANKL, Viktor E. *Psicoterapia e Sentido de Vida*. São Paulo: Quadrante, 1989, p. 123)

Colocando em ação nossas escolhas, nosso livre-arbítrio, faremos nossa parte nessa história. Cumpriremos nossas aspirações independentes e, assim, como muitos pensadores, indicaremos caminhos a seguir e teremos o leme do nosso navio, que é ter a própria vida nas mãos e refletir sobre as próprias atitudes.

Sim, somos livres! No entanto, é bom saber que a liberdade precisa de uma decisão pessoal e de vontade. É preciso entender que essa liberdade é finita no tempo, porque só temos o agora para vivermos. Não é mesmo?

Mas também a liberdade é finita no espaço!

Existe uma frase antiga e verdadeira que diz: "minha liberdade acaba onde começa a liberdade do outro". Se de forma pessimista considerarmos isso uma prisão, somos carcereiros e prisioneiros do mesmo pensamento. Mas, se com as chaves nas mãos, considerarmos que essa condição é uma fresta de liberdade, podemos, ao respeitá-la, sentirmo-nos livres.

O senso de liberdade que temos não é moldado apenas por nós e pelo destino, mas por mais complexo que possa parecer, é sempre um jogo constante de aceitação e confronto, expectativas e buscas, tolerância e coragem. Em suma, a sensação de liberdade precisa de atenção e temperança para não perder as rédeas das mãos.

Com quem estamos caminhando e quem caminha conosco?

Vemos aqueles que não se importam de onde vêm ou para onde vão, mas à medida que nos aproximamos deles, somos capazes de compreendê-los melhor e perceber que, muitas vezes, apesar de estarem perdidos, ainda assim seguem.

Algumas vezes percorrem caminhos niilistas sem saberem por quê. Outras vezes, tentam ver um porquê nesses caminhos vazios. E, quando procedem dessa forma, procuram denunciar a falta de lógica, ficando ainda mais perdidos. Continuam, indefinidamente, denunciando o que lhes parece óbvio, ou procuram encontrar a lógica que falta por meio de mais lógicas e razões que nunca lhes serão suficientes.

Um abismo se abre quando não questionamos nada ou quando duvidamos de tudo. Quando não alcançamos as respostas completas para todas as dúvidas que queremos sanar de forma perfeccionista, sofremos daquela intolerância que se esconde em nossos diálogos internos. Mas, se não questionamos nada, somos tomados de uma forma sem sentido por um caminho vazio e sem rumo.

Os psicoterapeutas dizem que cada ser humano representa uma extensa biografia. Qual será a nossa biografia? E o nosso destino?

Ao observarmos andarilhos solitários que caminham em suas invisibilidades costumeiras, percebemos que, embora abandonados pelo mundo ou por si mesmos, restou-lhes andar num projeto frágil e numa tentativa vã de se socorrerem nos labirintos da solidão e do desamparo, seguindo em busca de nada. Isso nos remete às reflexões das estradas já percorridas por nós e nos leva ao compromisso de olhar para outras pessoas, que são nossos irmãos.

São pessoas reais, mas por vezes não conseguimos vê-las nas ruas de nossas cidades ou nas rodovias de nosso mundo. Com a vontade de enxergar longe perdemos a capacidade de ver o mais próximo. Mas, com um mínimo de atenção, podemos ver nas praças públicas, vias e rodovias os nossos "Forrest Gumps", ou os "pescadores de ilusão" que nos cercam.

Melhores exemplos e atenção devem ser dados à vida e obra do pintor Vincent van Gogh. Como é misteriosa a sua biografia e quão bela é sua pintura! Suas obras e sua vida são envolventes. São viagens intermináveis por um destino escrito em linhas tão tortuosas e outras vezes iluminadas. Sabemos que sofria com episódios de instabilidade emocional, apresentando comportamentos alterados que o levavam a ficar internado em hospitais psiquiátricos. Muitas vezes ele se isolava com crises depressivas, abuso de álcool e outras drogas e relacionamentos infrutíferos.

Vemos nele tantas imperfeições e pinceladas significativas, em suas telas precisas, que nos impressionam com suas expressões. Poderia ter sido ele substituído? Poderíamos desejar que ele fosse perfeito para realizar uma obra ainda mais perfeita? E quanto a nós: somos também tão imperfeitos ou capazes de nos aceitar como somos?

Agora! Temos de recorrer novamente à aceitação transformadora para perceber quantos mistérios existem em cada ser humano. Portanto, reflitamos em nossa singularidade humana o que somos e o que podemos ser.

> Se todos os homens fossem perfeitos, seriam todos iguais uns aos outros, qualquer um poderia representar a bel-prazer outro qualquer, e para quem quer que fosse, portanto, seria cada qual um substituto.

> Mas é precisamente da imperfeição do homem que deriva o caráter indispensável e insubstituível de cada indivíduo, pois ainda que o indivíduo seja na verdade imperfeito, cada qual o é a seu modo.
>
> (FRANKL, Viktor E. *Psicoterapia e Sentido de Vida*. São Paulo: Quadrante, 1989, p. 114)

Se olhássemos para o destino de Van Gogh por uma perspectiva biográfica, veríamos um humano que acabou de cruzar o mundo quase sem sentido. Caso seu irmão Theo não o tivesse apoiado e compreendido, teríamos perdido um artista e uma das obras de arte mais ricas de todos os tempos. Perderíamos também suas biografias fascinantes e intrigantes (dele e de seu irmão).

Se observarmos sua pintura "*A Noite Estrelada sobre o Ródano*", acho que seremos inconscientemente forçados a nos disfarçar. Pensemos: será que só eu sinto uma mistura de confusão e medo? E que confusão é essa que nos une e nos liberta?

Dizem que da janela de seu quarto pintou a outra noite estrelada na cidade de Arles. Os críticos parecem considerar que, nessa fase, ele desenvolveu estilo único, com cores e texturas marcantes. Sua história nos remete a pensarmos no destino. Seus quadros, suas noites, seus dias, parecem rondar pelo mundo em busca de respostas.

Na mitologia grega, o destino é filho do caos e da noite.

Não sei se tem alguma pintura com o nome Caos, mas a pintura de Van Gogh (*A Noite Estrelada sobre o Ródano*) exprime uma certa angústia, que parece ser a mãe do destino.

Devemos gratidão a Theo, irmão de Van Gogh, que pôde interferir no destino, ainda que em pequena parte, iluminando assim as noites do irmão e diminuindo um caos fatalista anunciado, deixando-nos de presente as cartas entre eles, as pinturas do artista e a biografia de ambos. Admitimos que, mesmo sendo em partes, venceram o destino.

Podemos então imaginar dois tipos de destino: um tipo é esse, filho legítimo do caos e da noite. O destino maior. O outro, o destino menor, embora legítimo, parece órfão ou filho abandonado. Não conhecemos seus pais, mas necessitamos adotá-lo. O destino menor! Se é que vocês me entendem! É nossa tarefa o educarmos com disciplina. Mas, além disso, necessitamos de muita luz, pois nunca saberemos se ele é filho da noite ou do dia. Tarefa árdua iluminá-lo!

O destino de todos nós é o de viver e morrer. Nem sempre ele está fora de nossas mãos. O que está, então, em nossas mãos?

Um destino menor e frágil, o qual podemos chamar de nosso.

A parte pequena que nos cabe decidir.

Não nos rendamos ao caos e acendamos algumas noites.

Embora precisemos aprender a tolerar algumas noites vazias e alguns dias de caos.

Se a juventude eterna fosse destino certo, perderíamos a chance de compartilhar vínculos, que acontecem com prazeres, mas também com sofrimentos e superações.

Queixas de medo da morte são frequentes. Mas não raro também ouvimos queixas do medo de envelhecer. Queixas incompreensíveis! Elas, por serem comuns a muitos, costumam trazer uma espécie de álibi para que possamos entendê-las. Mas compreendemos o pecador e não o pecado.

Encontramos mais caos ao não aceitarmos o destino. E é um pecado, com a vida e conosco, se deixamos de destinar um pouco de autoestima e um tempo mais saudável para vivermos melhor.

Frankl questiona o destino e desmonta a crença de que este é sempre implacavelmente fatal. Demonstra com teorias e exemplos, incluindo os próprios, que existe no homem a capacidade de ser livre em sua atitude nobre, mesmo que nas piores condições.

> O sentido do destino que um homem sofre reside, portanto, em primeiro lugar, em ser pelo homem configurado – se possível; e, em segundo lugar, em ser suportado – se necessário. Por outro lado, também não podemos esquecer que o homem tem que estar prevenido para não se render cedo demais; para não tomar por fatal, cedo demais, um determinado estado de coisas; para não se resignar com um destino que seja puro produto da imaginação. Só quando o homem já não tem nenhuma possibilidade de realizar valores criadores; só quando ele não está já realmente em condições de configurar o destino – só quando ele pode realizar os valores de atitude; só nessa altura tem algum sentido 'carregar a cruz'.
>
> (FRANKL, Viktor E. *Psicoterapia e Sentido de Vida*. São Paulo: Quadrante, 1989, p. 155)

Falamos sobre destino e isso nos leva a pensar na morte, entretanto, temos que pensar no envelhecimento, pois a viagem sobre "envelhecer e morrer" faz parte dessa trajetória que o destino impõe.

Sendo assim, basta aqui compreender que tanto morrer como envelhecer já estão escritos nos caminhos traçados pelo destino. O que não está delineado nessa jornada é como vamos segui-la. Não precisamos nos deixar levar, mas sim participar, ainda que parcialmente, dessa trajetória em busca do itinerário desejado.

Se entendermos e aceitarmos absolutamente que o determinismo é o princípio pelo qual tudo no Universo está sujeito a leis imutáveis, incluindo a vontade humana, teremos que remover a palavra "liberdade" dos dicionários.

Por outro lado, se aceitarmos de forma absoluta e sem questionar que a liberdade é a condição que cada indivíduo tem para fazer suas escolhas, sem limites e de acordo com seus desejos e vontades, certamente por querer tanto o total, perderemos nossa lacuna de liberdade. Sabemos disso e podemos recusar ou aceitar, mas parece que nos esquecemos à medida que acontecem os perigos da vida, ou de acordo com os apelos que a vida às vezes nos pede.

É difícil encontrar um denominador comum para esse choque entre a liberdade de escolha e o determinismo. Mas é exatamente aqui que está a arte de viver.

O romance escrito por Oscar Wilde, *O Retrato de Dorian Gray*, nos revela que o personagem homônimo, ao ser agraciado ou enfeitiçado com a juventude eterna, fez de sua vida um caos. O excesso de indisciplina em nome dos prazeres e tanta desordem geraram desgraças ao redor.

Dorian Gray é retratado por um pintor e, ao ver a beleza do quadro, fica vaidoso e encantado. Expressa o desejo de trocar de lugar com o quadro para assim manter-se eternamente belo. Até se propõe a vender a própria alma em troca dessa obstinação. O intento foi realizado. Então ele passa a ter uma vida de prazeres, libertinagem, amoral, causando danos irreparáveis a quem cruzasse seu caminho. Vendo-se enredado em maldades, não consegue criar laços, sente-se exausto, desmoralizado e mostra-se arrependido:

> Ah! Que momento maldito aquele em que o orgulho e a paixão o tinham impelido a implorar que o retrato suportasse o peso de seus dias para que ele pudesse conservar o esplendor imaculado da eterna juventude. Todas as suas infelicidades daí provinham. Melhor seria se cada pecado cometido trouxesse consigo sua punição rápida e segura. Há uma purificação do castigo. A prece de um homem para um Deus de justiça não deveria ser "Perdoai nossos pecados", mas "castigai-nos por nossas faltas".
>
> (WILDE, Oscar. *O retrato de Dorian Gray*. Trad. Oscar Mendes. São Paulo: Abril Cultural, 1981, p. 264)

Quem sabe se no nosso envelhecimento, nas marcas e cicatrizes que acumulamos ao longo do caminho da vida, estamos sendo punidos e perdoados ao mesmo tempo? Pode ser, mas, certamente, também estamos sendo purificados. Podemos chamar isso de sabedoria. E assim não teremos mais aquele medo tolo de envelhecer.

O mistério está no enfrentamento e o segredo em como enfrentar. Já disseram que melhor que resolver problemas é desvendar mistérios. Podemos dizer ainda que melhor que temer a morte é amar a vida. Melhor que envelhecer é saber envelhecer, pagando os pecados e se libertando para desfraldar a vida. O que vivemos será sempre nosso.

É a nossa travessia heroica e histórica. Nós, Van Gogh e Oscar Wilde fazemos parte de toda a história. Podemos nos orgulhar de desfrutar e contemplar uma pintura, um conto, um pôr do sol. Significa também viver com a simplicidade que a vida merece.

> O destino pertence ao homem como o chão a que o agarra a força da gravidade, sem a qual lhe seria impossível caminhar. Temos que comportar-nos em relação ao destino como em relação ao chão que nós pisamos: estando em pé; sabendo, entretanto, que esse chão é o trampolim donde nos cumpre saltar para a liberdade.
>
> (FRANKL, Viktor E. *Psicoterapia e Sentido de Vida*. São Paulo: Quadrante, 1989, p. 120)

Lembremos do famoso diálogo de Charlie Brown com seu amigo Snoopy, quando os dois, sentados num píer, espiavam o infinito horizonte. Então, Charlie Brown disse:

— *Um dia todos nós iremos morrer, Snoopy.*
Ao que o amigo retrucou:
— *Sim, mas todos os outros dias, a gente vai viver.*

Habitamos nosso corpo, mas não somos seus prisioneiros, a menos que acreditemos que somos governados apenas por instintos ou forças deterministas. Se acreditarmos em um destino já escrito, ficamos presos e perdemos a chave que nos liberta. Corremos o risco de errar na tomada de decisões, mas com vontade de encontrar a melhor resposta possível para a vida, podemos fazer um pouco melhor.

A cada momento estamos diante de um mundo de decisões e devemos nos lembrar que nos "posicionarmos" não é uma prisão, mas é parte da nossa liberdade. Não somos somente instintos nem somente inteligência. E isso nós sabemos com a nossa espiritualidade. Não será negando a existência dos instintos, mas superando-os, com a liberdade de escolha, uma vez que somos livres.

Às vezes aprendemos a acertar com os erros passados, assim nos será possível renovar crenças negativistas e descobriremos outras decisões responsáveis para melhorar o caminho a ser seguido.

3. Dilemas e Paradoxos!

A vida se faz de tonta,
Parece nem fazer conta...
Parece ensaio, mas não é!
A vida é o que é...
tp

A diferença entre um dilema e um paradoxo reside no fato de que o dilema tem uma escolha, mas o paradoxo não. No dilema, explorar os prós e os contras das alternativas esclarece quem o resolve. Para o dilema, a alternativa será uma ou outra. Para o paradoxo será uma e outra.

É preciso distinguir o que é um dilema e o que é um paradoxo. Os dilemas precisam de soluções para não se cristalizarem em impasses. Os paradoxos, no entanto, não podem ser mudados, pois requerem aceitação. Mas, se os compreendermos, será uma aceitação transformadora. Quando nos damos conta de que somos paradoxais, isso pode promover humildade com sabedoria, todavia, pode ser a partir dessa consciência que resolveremos dilemas.

Às vezes temos dúvidas sobre o que é conhecido e o que não é, o que é necessário e o que não é, o que é imanente e o que é transcendente. Sabemos, pelos pensadores e filósofos, embora não muitos, que o homem não é somente um ser do mundo terreno, mas é também um ser espiritual; é um ser que pensa, sente e age em sua multiplicidade, mas é único em sua espiritualidade.

Os mistérios entre a dimensão espiritual e o mundo do corpo são repletos de conflitos. O próprio homem decide o que vai ser, como vai agir e em que direção vai se desenvolver. No entanto, muitas vezes, vai precisar olhar abertamente para uma direção diferente de si mesmo e, sem sair de seu centro, buscar se completar no outro ser.

Para muitas pessoas, somente haverá completude na realização do amor no encontro com outro ser. Será a busca do sentido do amor.

O corpo é sutil e frágil em sua busca; quer viver, mas se acostuma facilmente a sobreviver. O homem é um ser social, mas também individual. É paradoxal! Percorre toda a vida nessa larga faixa de um caminho de subidas e descidas, dúvidas e certezas. Podemos seguir boas pegadas ao longo do caminho, mas, às vezes, precisamos projetar nossas pegadas para que outros sigam. Não raras vezes seguimos trilhas como se fossem atalhos.

O nosso caminho não é a única verdade, assim como o caminho do outro também não é. Mesmo a virtude, que sempre aponta o caminho para o centro, pode ser revista. A cada passo que damos nos aventuramos entre verdades e mentiras, bem e mal, sensibilidade e frieza.

Vivemos e somos um paradoxo!

Estamos na lacuna entre resistência e resiliência, alertas e distraídos sob a responsabilidade que a vida exige.

Durante esse longo processo de tomada de decisão, deveres e desejos ficam no espaço entre o coração e a razão. Vemos na humanidade um número imenso de pessoas sobrevivendo e aparentemente acostumadas a isso.

No desenvolvimento natural do ser humano é preciso respeitar o corpo, e que ele viva e não sobreviva. É necessário alimentá-lo sem deficiência e exageros, pois precisa dos quatro ases: ar, água, alimento e amor. Contudo, há um tempo em que devemos buscar outro alimento para acabar com a fome espiritual, que nos exalta e que representa a verdadeira busca.

Precisamos saber que, às vezes, temos que abrir mão do que possuímos em nome da evolução: deixar o corpo em nome do amor, abrir mão do espelho em nome do encontro, deixar o abrigo em nome do sol e da luz, desistir da dúvida em nome de Deus, da certeza em nome da existência e renunciar ao ego em nome da essência do ser e de si mesmo.

Só podemos nos transformar a partir do que temos e do que somos, para isso, precisamos lapidar a pedra bruta até encontrar a mais pura essência. Somos prisioneiros de nós mesmos, cárceres e carcereiros, pois temos as grades e as chaves, a prisão e a liberdade ao nosso alcance.

> Jesus disse: "Se a carne foi feita por causa do espírito, é isto maravilhoso. Mas, se o espírito foi feito por causa do corpo, é isso a maravilha das maravilhas". Eu, porém, estou maravilhado diante do seguinte: como é que tamanha riqueza foi habitar em tanta pobreza?
>
> (RODHEN, Huberto. *O Cristo Cósmico e os Essênios*. São Paulo: Martim Claret, 1991, p. 91)

Estamos presos ao corpo e à matéria. O desejo também nos aprisiona. Outras vezes a razão poderá ser o nosso cativeiro. A matéria pode nos escravizar com o apego. É difícil distinguirmos a linha entre o apego e o desapego e como usar a matéria sem perder a liberdade.

A busca pela realização material é um caminho à beira do abismo onde sempre corremos o risco de perder nossa maior conquista. Com certeza somos treinados por nossos pais para alcançarmos a autorrealização. Passamos a maior parte do nosso tempo em busca dessa conquista, mas somos chamados pelo mistério que nos cerca. A busca é sempre descobrir quem somos e isso pode ser visto na dimensão noética.

> Pode-se, afinal, afirmar com razão: o filho é bem "carne da carne" de seus pais, mas não "espírito de seu espírito". Ele é sempre e somente um filho físico, e isto na mais verdadeira acepção do termo: no sentido fisiológico. Pelo contrário, no sentido metafísico, cada filho é propriamente filho adotivo. Adotamo-lo no mundo, dentro do ser. Assim, pois o pai nunca é gerador, apenas é testemunha, testemunha daquela maravilha, sempre nova, que é, em última análise, o tornar-se homem.
>
> (FRANKL, Viktor E. *Fundamentos Antropológicos de Psicologia*. Universidade de Viena: Zahar, 1975, p. 130-131)

Estaremos diante da tarefa de seguir no caminho da busca. Vamos aprendendo a abrir as portas da vida para assumirmos a responsabilidade pelo crescimento.

Precisamos ouvir o silêncio misterioso do universo. Queremos viver a vida real em sua plenitude, adaptando as roupas no corpo e não o corpo em uma vestimenta estranha, assim como procuramos adaptar nosso corpo à mente, a nossa alma porque é a habitação em que o corpo é a morada e o espírito é o morador, o hóspede.

> Portanto, não se justifica, como frequentemente ocorre, falar do ser humano como uma "totalidade corpo-mente", corpo e mente podem constituir uma unidade, por exemplo, a "unidade" psicofísica, porém, jamais esta unidade seria capaz de representar a totalidade humana. A esta totalidade, ao homem total, pertence o espiritual e lhe pertence como a sua característica mais específica.
>
> (FRANKL, Viktor E. *Psicoterapia e Sentido de Vida*. São Paulo: Quadrante, 1989, p. 188)

Dessa forma vamos aprendendo que o homem é corpo e alma. Como corpo, está sujeito às leis da natureza, porque pertence ao mundo material. A pessoa é aberta e fechada ao mesmo tempo; é imanente e transcendente; é o que é e quer melhorar. Veremos que não é uma ou outra, mas uma e outra. A pessoa se completa na soma das contradições. Aqui está o paradoxo humano, a lógica e a razão em um desafio que quase não oferece saída, mas, no final, harmoniza-se com a espiritualidade. Esse é o paradoxo!

Como algo pode ser e não ser, existir e não existir?

Desde que éramos crianças, caminhávamos por áreas que em certas ocasiões revelaram-se seguras e, em outras, pantanosas. O medo que nos protegia às vezes nos assustava.

No livro de Monteiro Lobato, o diálogo entre Pedrinho e o Saci é bastante curioso, anedótico e perspicaz. Diz Pedrinho:

— Nos pesadelos é que aparecem monstros horríveis. Por quê? Por que é que há coisas horríveis?
— Por causa do medo, Pedrinho. Sabe o que é o medo?
O menino gabava-se de não ter medo de nada, exceto de vespa e outros bichinhos venenosos. Mas não ter medo é uma coisa e saber que o medo existe é outra. Pedrinho sabia que o medo existia, porque diversas vezes o seu coração pulara de medo. E respondeu:
— Sei, sim. O medo vem da incerteza.
— Isso mesmo — disse. — A mãe do medo é a incerteza e o pai do medo é o escuro. Enquanto houver escuro no mundo, existirá o medo. E, enquanto houver medo, terá monstros como os que você vai ver.
— Mas se a gente vê esses monstros, então eles existem.
— Perfeitamente. Existem para quem os vê e não existem para quem não os vê. Por isso digo que os monstros existem e não existem.
— Não entendo — declarou o Pedrinho.
— Se existem, existem. Se não existem, não existem.
— Uma coisa não pode ao mesmo tempo existir e não existir.
— Bobinho! — declarou o Saci. — Uma coisa existe quando a gente acredita nela; e como uns acreditam em monstros e outros não acreditam, os monstros existem e não existem.

(LOBATO, Monteiro. *O Saci*. Ilustrações de capa e miolo Manoel Victor Filho. São Paulo: Brasiliense, 56. ed., 1994, p. 27-28).

Buscamos todos os meios em nossos desejos para compreendermos e desvendarmos os segredos da vida. Somos confrontados com medos antigos que escondem ou revelam segredos.

Por mais paradoxal que possa parecer, o medo e a ansiedade serão nossos protetores desde que sejam devidamente compreendidos e experimentados. O medo com seus avisos e a ansiedade com suas antecipações nos protegem. O passado com suas lições nos ensina que se não quisermos sofrer o que já sofremos, um pouco de cautela e uma dose de medo podem ser bons ingredientes a nosso favor. E o futuro sendo incerto exige nossa tolerância.

Insistimos que é no exagero ou na escassez da expressão deles que reside o transtorno. No exagero de querer evitar a sensação desagradável de ambos nasce o medo do medo, ao que chamamos de fobofobia, e a ansiedade da ansiedade, a ansiedade antecipatória. Inseguranças e incertezas geram medos e ansiedades, respectivamente. Isso é necessário desde que em boa dose.

Para estarmos seguros em tudo o que fazemos teremos que ter cuidado. Muitas vezes somos obrigados a arriscar um futuro incerto e, para esse confronto, precisamos de tolerância. Quando cometemos erros podemos aprender algo com isso. Erros devido à falta de consciência valem mais a pena do que vencer com intenções pouco claras, pois os erros nos permitem aprender. Mas as más intenções são privações de sabedoria sem sentido.

No dia a dia de todos nós isso acontece. Mas, se não estivermos atentos aos pensamentos enraizados erroneamente ao longo de nossas vidas, catastrofizaremos ou desqualificaremos os problemas. Geralmente, maximizamos os problemas ou minimizamos nossa capacidade de compreendê-los e superá-los. Certamente, às vezes somos afetados por situações excepcionais, que geram traumas de ordem mais grave e exigem ser enfrentados com firmeza diante da dura realidade.

Não haverá superação e aprendizagem se não houver coragem e enfrentamento. Coragem não é a ausência do medo, mas o confronto com ele. A superação será a autoafirmação necessária que nos moverá em direção à possível autorrealização, embora seja apenas uma parte do caminho, pois sabemos que a busca do sentido da vida segue para além da autorrealização. No entanto, na condição humana básica, o medo e a ansiedade fazem parte da existência e são necessários para nossa proteção e enfrentamento.

O ser humano procura descobrir-se na sua essência, na sua espiritualidade e nos seus valores. Diante das questões existenciais o homem continua a responder e a estabelecer-se numa busca dinâmica e incansável pela vida.

O tema sobre ansiedade não é patrimônio exclusivo da medicina, aliás, muito aprendemos com pensadores de outras áreas. Paul Tillich, por exemplo, esclarece esse tema de forma filosófica, demonstrando que o ser humano "normal" é lançado em reflexões sobre os intervalos que existem entre o destino e a morte, o vazio e a inexistência, a culpa e a condenação. O ser humano se sente ameaçado e, na busca por se proteger, sofre. Esse sofrimento também é da natureza humana, que segue nessa jornada desde os instintos com sua homeostasia, na fuga dos desprazeres, na busca da satisfação física, na busca do equilíbrio corporal, psíquico e social, e segue a busca de seus próprios valores. E mesmo sendo paradoxal, busca compreender a dimensão noética incompreensível.

Na ansiedade de autoafirmação em face ao destino e à morte, o homem se sente ameaçado em sua condição ôntica. Ao contrário dos animais, ele sabe que vai sucumbir à inusitada morte. Ele também sabe que o destino com frequência lhe parece cego e não guiado; mas apesar do destino, pode ser, corajosamente, o guia de sua própria vida. Mesmo parcialmente e relativamente, com coragem, prudência e temperança, pode se tornar seu próprio guia.

Os perigos do destino são muitos, mas relativos. Apesar dos riscos, temos que enfrentá-los; apesar dos problemas, somos capazes de superá-los com coragem.

As conclusões tiradas na dimensão racional sobre o vazio vivido pelo ser humano podem ser frágeis e deixar lacunas a serem levadas em consideração, pois se não houver aceitação de que as perguntas são absolutas e as respostas são relativas, a pessoa cai em um vazio ainda maior. Reflexões de difícil entendimento, mas, mesmo assim, nada impede o ser humano de fazer suas inferências.

Com dúvidas constantes e sem obter respostas perfeitas, o ser humano pode se sentir ameaçado, acometido por dúvidas infindas e, por isso mesmo, não conseguir compreender sua existência, sendo assim, pode sentir-se vazio. Porém, pode crer em respostas que se manifestam na possibilidade de acreditar que a vida tem sentido. Mas somente consegue fazer isso na dimensão noética, crendo, de forma segura, apesar da invisibilidade da verdade e da presença das dúvidas.

No campo que se move entre certezas e incertezas, residem medos, ansiedades e sensações de ameaças existenciais em relação à condição de cada ser humano. Isso pode ser experimentado por qualquer pessoa, desde a mais culta até a mais simples. E a compreensão não será conquistada com regras.

Apesar disso, observaremos, por exemplo, pessoas que seguem no caminho da fé e se movem com mais segurança na mesma estrada de certezas e incertezas, mas aqui residem confiança, aceitação e superação.

E, finalmente, além de procurar ser ainda melhor do que é, o ser humano faz sua conta com o passado. Pode analisar o que se passou e ir ao cerne do que aconteceu, para eliminar ou julgar os erros típicos de um período de aprendizagem. Porém, caso confirme a conta feita com sua autocrítica exagerada, novamente tenderá a sentir-se ameaçado, com possível autodepreciação.

A ameaça dessa vez pode ser em relação aos seus valores. Usa uma balança de dois pratos para pesar o que é bom e o que é ruim. Questiona a pessoa que ele é e a que era. É seu próprio algoz em um espaço que vai da culpa possível à condenação.

É necessária a força do espírito e a grandeza da alma para lidar com a situação em questão. Precisa de determinação e perseverança para realizar as tarefas necessárias.

No final, o homem precisa de bravura, o que o filósofo chama de "a coragem de ser".

É importante lembrar que, nos três casos, a ansiedade quanto à sua existência é considerada normal, ao contrário da ansiedade neurótica, que não é normal.

O ser humano corre o risco de ficar ansioso com a autoafirmação e, sendo assim, busca seu lugar num mundo paradoxal. Busca sua identidade e autonomia, que é realizada entre tentativas e erros. Assim tem sido ao longo da história da humanidade.

A ansiedade faz parte da existência e é característica normal do ser humano no enfrentamento do processo evolutivo.

> [...] a ansiedade não tem objeto, ou melhor, numa frase paradoxal, seu objeto é a negação de todo objeto [...]. O medo, quando comparado à ansiedade, tem objeto definido (segundo opinião da maioria dos autores), que pode ser enfrentado, analisado, atacado, tolerado. Pode-se agir sobre ele e, agindo sobre ele, participar dele, mesmo se na forma de combate. Neste sentido, pode-se torná-lo autoafirmação. A coragem pode enfrentar cada objeto de medo porque é um objeto, e torna a participação possível.
>
> (TILLICH, Paul. *A Coragem de Ser: Baseado nas Conferências Terry Pronunciadas na Yale University*. Trad. Eglê Malheiros. São Paulo: Paz e Terra, 5. ed., 1992, p. 32)

Juntamos mil peças e tentamos entender as etapas do início ao fim. Mas tem sido do final para o começo, revirando-nos pelo avesso é que encontramos as chaves e os mapas desses labirintos.

No livro *Chaves para a psicologia do desenvolvimento*, de Maria Cristina Griffa e José Eduardo Moreno, os autores integram teorias e pensamentos de filosofia, ciência, psicologia e outros de forma harmoniosa e inteligente, ao descrever a natureza humana como resultado de um dilema: "frutos de tensão paradoxal de forças". Citam os três paradoxos:

1º - mundo-espírito. 2º - subsistente - aberta. 3º - existir - fazer-se.

> [...] o Homem é tanto um ser "para o mundo", quanto um "ser para o transcendente", para o espírito. Esse primeiro paradoxo está relacionado ao dilema mundo-espírito, pois o espírito humano, com o corpo e no corpo, penetra no espaço e no tempo, individualiza-se. Ao mesmo tempo, o corpo atinge os limites do imaterial, próprios do espiritual.
>
> [...] a própria pessoa está aberta, voltada para o "outro". Além de ser, é também um centro, é um todo; mas não pode alcançar a plenitude sem o "outro" e pelo "outro". Este é o segundo paradoxo: subsistente—aberta.
>
> A pessoa decide por si mesma e para si mesma o que há de ser, como há de agir, em que direção há de se desenvolver. Assim, embora existente, ela tem de terminar a si mesma. Esta é sua tarefa: fazer a si mesma. Eis aqui o terceiro paradoxo existir—fazer-se.
>
> (GRIFFA, Maria Cristina; MORENO, José Eduardo. *Chaves para a psicologia do desenvolvimento*, tomo 2: *adolescência, vida adulta, velhice*. Trad. Vera Vaccari. São Paulo: Paulinas, 2001, p. 123-124)

Quando chegamos aqui, percebemos que para entender as pessoas, é preciso aceitar que nenhuma resposta será realmente suficiente. Mas a persistência da procura e a vontade de saber saciam um pouco a nossa sede e nos mantém na busca.

> O ser humano não é uma coisa entre outras; coisas se determinam mutuamente, mas o ser humano, em última análise, se determina a si mesmo. Aquilo que ele se torna - dentro dos limites dos seus dons e do meio ambiente - é ele que faz de si mesmo.
>
> (FRANKL, Viktor E. *Em Busca de Sentido*. Petrópolis: Sinodal/Vozes, 1999, p. 114)

Somos influenciados e influentes no meio social.

Podemos aprender e ensinar?

Mas e se nos tornarmos rígidos e inflexíveis ou se não questionarmos nada?

Podemos ir para um lado ou para o outro e perderemos o rumo.

São muitas perguntas e poucas respostas.

Com uma resposta simples iremos participar e moldar o destino. Então não esqueçamos que a semente da autonomia existe em cada um.

Nossa relevância é única e singular. Participamos dessa jornada em busca de realizações.

A cada passo que damos nos aventuramos entre a verdade e a mentira, o bem e o mal, a sensibilidade e a frieza. A busca pelo esclarecimento de dúvidas nos faz caminhar. Talvez essa estrada seja a estrada do amor e da aceitação.

A aceitação de alguns limites e dúvidas não tira nosso poder. Com firmeza, mas também com humildade, expandimos o domínio do nosso ser e da nossa existência.

4. Tempo e Espaço!

Apesar do açoite varando as noites,
Apesar da trama feita de nós,
Vá temperando o tempo.
Enquanto houver chama,
Vá clareando, devastando a escuridão.
tp

Há tempos sombrios que somente depois de muita distância poderemos refletir como foram danosos.

A Idade Média foi desde a queda do Império Romano, em 476, até a tomada da capital Constantinopla pelos turcos, em 1453. Teria sido este um período de "trevas"?

Teria sido a cidade de Florença o berço do Renascimento na Itália por causa da necessidade de "luz"?

O que podemos dizer de uma época que renasce das cinzas com nomes que ficaram para brilhar na História como Dante Alighieri, Galileu, Leonardo da Vinci, Michelangelo, Botticelli, Donatello?

O ser humano vive em altos e baixos históricos e numa visível instabilidade, a qual exige muita atenção para não perder a luz do seu caminho.

Estamos ainda em tempos sombrios?

Foram tempos de "trevas" o final do século XIX, com o imperialismo europeu mesclado ao desenfreado colonialismo, desembocando nas duas grandes guerras mundiais do século XX.

E quanta escuridão permeia nosso tempo! Vemos isso ou nos acostumamos e consideramos essas condições normais?

Goethe, o poeta alemão, percebeu que a humanidade vivia uma série de padrões que se repetiam e dominavam certos períodos da época ou do tempo, chamado de "Zeitgeist". Atualmente esse termo é popularizado no mundo.

Vivemos em uma fase que o denominador comum é algo fragmentado, liquefeito ou volátil, pois, mais que fluidez, o tempo de repente parece evaporar, e os valores se fragmentam e desapareçam. Até mesmo o filósofo Zygmunt Bauman, que desvenda um mundo e uma sociedade fluidos, veria como estava certo e como as coisas vêm piorando, pois o amor e o medo parecem perder a concretude e se transformam em vapor.

Evaporamos numa vida rápida, sem raízes nem frutos, de tal forma que os esforços para encontrarmos ou mantermos o sentido da vida ficam ainda mais difíceis. Estamos vivendo e revivendo tempos sombrios?

São sinais de um tempo sombrio nos deixando sem possibilidades de reflexões mais precisas por ser desagregado, pois confundimos dias com horas, minutos com segundos. A preocupação com o dia de amanhã passou a ser com a próxima hora.

Modificamos o bom conselho de abandonar preocupações, agora rezamos as orações apressadamente e dizemos:

"Não vos inquieteis com o próximo minuto, porque já basta ao milésimo de segundo um fim de mundo".

Quando estamos dando conta do que se passa aqui, irrompe algo ali; quando amarramos uma ponta lá, desamarra outra ponta acolá.

Será possível refletirmos sobre esse tempo daqui a centenas de anos?

Qual a reflexão que fazemos agora? Qual a idade que temos?

Idade Antiga, Idade Média, Idade Moderna, Idade Contemporânea?

Idade líquida? Idade fluida?

E o que podemos fazer em nossa condição humana limitada?

Fazemos parte da humanidade, mas podemos nos esforçar para compreendermos nossas raízes.

Estamos enredados em difíceis quebra-cabeças, os quais nossos pais, professores e pensadores, com suas teses e antíteses, nos propuseram, para que pudéssemos ter uma caminhada correta e com pensamentos calçados em valores. Assim, compusemos a nossa síntese da vida e do viver.

Sem esses desafios, certamente não sobreviveríamos. Isso é universal! Mas fica evidente que, apesar de alguns valores serem universais, outros são individualizados na busca pessoal de cada qual.

Uma peça daqui; um retalho dali. Experiências vividas, outras observadas em textos e contextos personalizados no próprio mosaico particular. Estabelecemos nossos protocolos de virtudes.

Passamos de filhos para pais, de alunos para mestres, mas o quebra-cabeça continua dinâmico. Algumas vezes acrescentamos verdades, outras as modificamos e, com frequência, deixamos passar algumas, quase que inconscientemente, por acreditarmos que não nos pertencem.

Alguns pensamentos nos chegam e envolvem sem percebermos, absorvendo-nos e, sem darmos conta, passamos a incorporar sem questionar. Por exemplo: quando dizem que a morte é a única coisa certa que se tem na vida, sequer paramos para questionar. É uma tolice com a boa intenção da resignação. A vida também é certa, apesar dos mistérios e das escolhas; precisa ser mais bem compreendida, ou pelo menos ser aceita em sua totalidade.

Passado, presente e futuro são partes de uma vida toda.

Algumas vozes muitas vezes nos orientam a desprezar o presente e o passado em detrimento do futuro; outras vezes nos sugerem desprezar o futuro e o passado em nome do presente. Mas o conselho mais comum que nos chega é quando dizem, com frequência e de forma convincente, que o presente não pode ser desperdiçado, pois é o único que de fato existe.

Estamos tão ansiosos para agarrar o tempo que inventamos de dividi-lo em pedaços pequenos ou grandes: segundos, minutos, horas, meses, anos, décadas, milênios... Porém, vivemos sem tempo, correndo, apressados e não olhamos em volta. Não vemos que a vida está aí pulsando e de braços abertos. Perdemos o presente de tanto que o desejamos.

Há pensadores que nos alertam para libertarmo-nos do passado.

Nos dias de hoje, quando nos queixamos de um sofrimento qualquer que nos ocorreu no passado, logo encontramos conselheiros para nos dizer que devemos nos libertar do passado, e falam-nos de forma imperativa: "devemos esquecer o que passou, pois só se vive no presente. Passou, passou..."

Ficamos na dúvida de como devemos dividir o nosso tempo e, enquanto isso, o tempo segue sem se importar.

Mirando em perspectivas situacionais e individuais, podemos ver que a cada hora os três tempos têm os seus valores. Os meios e os fins de cada tempo parecem refazer melhor esses mosaicos misteriosos.

Hora da saudade, das lembranças, dos planos, dos projetos e de fazer e refazer para depois desfrutar. No último instante, no final da trajetória terrena, completaremos o mosaico dessa dimensão. Não é só isso que é certo, mas isso é certo. Então podemos cuidar bem do fim e da finalidade.

No entanto, como cuidaremos do passado e do futuro se só vivermos o presente? É claro que o melhor dia é o de hoje, mas o perdemos quando o comparamos com o que passou. E dizemos: "eram tempos tão bons!" Claro que eram! Merecem ser relembrados, mas não comparados. O mesmo ocorre com as ilusões de um futuro.

Dizemos: "Quando o sonho se realizar serei feliz". Fica claro aqui também que sonhar é bom e necessário, mas agora é hora de desfrutar os sonhos realizados e manter os vindouros.

O equívoco não está em querermos prazeres no dia de hoje, mas em querermos somente deleites. O sentido realizado no decorrer do tempo vai ficar marcado positivamente e será bom exemplo agora, boa lembrança passada e alvo para o futuro.

Vivemos os três tempos!

Esquecer, por vezes, se faz necessário, mas em nosso processo de crescimento buscamos saber lembrar. E isso não apenas é necessário, como também é uma das melhores formas de nos conhecermos.

Melhor reaprendermos a não esquecer.

Insistimos muito em olvidar o que passou, mas mal conseguimos. Podemos até tentar, mas o córtex cerebral é desobediente e está sempre recordando o que passou. As recordações podem ser equivocadas, ainda assim, podemos tirar delas alguns aprendizados.

Esquecer de problemas que nos fizeram sofrer pode ser bom, porém, melhor ainda é mantermos a lucidez da lembrança, com aprendizagem para não voltarmos aos mesmos erros.

Também sugerem sempre que não nos preocupemos com o futuro: "O futuro só a Deus pertence". Mas isso não nos convence. Devemos sim compreender o presente, o passado e o futuro, pois a relação entre eles sempre nos dá as oportunidades para maior autoconhecimento e transformações.

Dizem que o cavalo em seu instinto não pisa duas vezes no mesmo buraco. Para nós, seres humanos falíveis, o que ocorre é distinto, porque não temos o mesmo aprendizado. Possuímos pouco apreço pela atenção e, por vivermos desatentos, cometemos os mesmos erros. Isso acontece em nossas vidas particulares, mas observamos erros repetitivos no âmago da sociedade.

> No passado, nada fica irremediavelmente perdido, mas, ao contrário, tudo é irreversivelmente estocado e entesourado. Sem dúvida, as pessoas tendem a ver somente os campos desnudos da transitoriedade, mas ignoram e esquecem os celeiros repletos do passado, em que mantêm guardada a colheita das suas vidas: as ações feitas, os amores amados e, não menos importantes, os sofrimentos enfrentados com coragem e dignidade.
>
> (FRANKL, Viktor E. *Em Busca de Sentido*. Petrópolis: Sinodal /Vozes, 10. ed., 1999, p. 127)

Muitas vezes, para muitos de nós, custa aprendermos com o passado. Mas, mesmo que perdidos, as estradas continuam abertas e, certamente, à espera de serem seguidas.

Não percebemos que o passado nos pertence e que também pertencemos a ele e, comumente, tentamos nos livrar da nossa própria história. Perdemos, dessa forma, o presente, e ficamos no vácuo do tempo esperando o futuro.

Se o passado é uma espécie de mapa e se o presente é um caminho, o futuro é o lugar imaginado de nossas buscas; o "espaço sonhado" para alcançar e cumprir a finalidade da vida, que podemos chamar de devir.

Aqueles que não questionam de onde vieram, e nem como estão indo, parecem também não se importar para onde estão indo. Parece, apenas, porque no fundo, se lhes fosse possível retirar a crosta e a couraça que penetrou sua essência mais profunda ao longo de sua história e se lhes fosse possível removê-las, encontrariam o propósito de viver e assim saberiam o que fazer de si mesmos e reencontrariam o sentido da caminhada.

É a nossa direção!

A direção e o significado do nosso próprio caminho, mesmo se caminharmos com outros seres, ainda serão únicos.

Para essa travessia, é necessário revisar o mapa, a bagagem e a finalidade.

É importante mapear e nortear a vida, desde a partida até a chegada. Sabemos que é praticamente inesgotável a tentativa de desvendar de onde viemos. Mesmo assim, vale a pena pesquisar, pois devemos fazer isso como quem desvenda mistérios e não como quem resolve problemas.

É necessário nos atermos ao que levamos na bagagem, para nos equiparmos melhor antes de partir, a fim de que no meio da viagem estejamos mais preparados com as expectativas e as surpresas que porventura haveremos de ter.

Na bagagem há espaço para tudo, mas é preciso organizar seu conteúdo, livrando-se de preocupações excessivas, objetos inúteis e teimosias desnecessárias.

É razoável perguntar com quem caminhamos e quem caminha conosco.

Nessa estrada, além do mapa, da bagagem e da finalidade, temos que nos questionar sobre o outro ser humano, tanto o mais distante no tempo e no espaço, como este, muito próximo de nós.

O que faz a bagagem leve é quando o que trazemos tem significado e amor. Isso torna a jornada um pouco mais fácil. Mas precisamos compreender quem somos, com quem caminhamos e o que estamos buscando.

O bom caminho há de ser feito de firmes lajedos, construídos em parte com nossas próprias mãos, para conter passos seguros. Ademais, além das pedras, podemos cultivar a flora no decorrer da caminhada e contemplar cada estação a seu tempo.

Há de se compreender que cada um tem o seu próprio tempo de superação e não podemos exigir do outro aquilo que ele não pode oferecer, pois, possivelmente, este ainda não é seu tempo de maturidade. E, se observarmos a nós mesmos, em nosso tempo de maturação e capacidade de mudança, perceberemos também que nessa travessia nem sempre temos todas as respostas.

Se de alguma forma percebermos que o fardo que carregamos está muito pesado, se nossa força não está tão grande, não há por que exigirmos tanto e nem apressarmos o tempo de compreensão. A pressa prematura impede o verdadeiro entendimento.

Se repararmos bem, estamos sempre apressando o outro para que haja mudanças rapidamente. Parece que ficamos intolerantes diante da demora que existe em nós e no outro para superar ou compreender os sofrimentos, que no decorrer da existência são e serão inesperados e inevitáveis. Mas nada disso nos impede de realizar a tarefa da vida, e não há por que deixarmos de desfrutar das vivências gratuitas e agradecermos. Parece conveniente pensarmos nas paradas que faremos para nos complementar com bons conhecimentos e, se necessário, redefinir valores.

A finalidade não pode ser comparada com a busca daquele "xis" que tem em todos os mapas, porque o verdadeiro propósito dessa jornada é encontrar um outro "xis" da questão, que não está no mapa. No entanto, deixa-nos rastros que norteiam dias e noites. Parece paradoxal, e é. Está lá fora e aqui dentro de nós ao mesmo tempo. Pressentimos que é este o tesouro sagrado a ser encontrado e assim, mesmo que parcialmente, o encontramos no tempo da caminhada.

O grande encontro é então a finalidade, que provavelmente é o somatório de tudo. Podemos caminhar até lá com sentimentos de espera ou expectativas. Mas se não houver esperança, a caminhada será longa, o fardo pesado e o senso de propósito exausto.

Viemos de muito longe! Percorremos um longo caminho e vamos ainda mais longe. Estamos levando em nosso fardo um jeito próprio de caminhar, os nossos propósitos e as nossas intenções.

Compomos a síntese da vida e do viver no tempo agora, mas fazendo a síntese com o antes e o depois. Os três tempos têm os seus valores. Sempre na soma, nunca na divisão. Os meios e os fins de cada tempo parecem refazer melhor esse mosaico misterioso. O Eclesiastes da Bíblia nos orienta: "há um tempo certo para cada propósito debaixo do céu".

Enfim, a vida é certa apesar das incertezas e o passado também é certo, pois está lá contando nossa história, e o presente aqui, vivo, mirando o futuro e clamando por sentido.

5. Mudanças e Paradigmas!

Reinventa a vontade antes de inventares alturas,
Aventura a desvendar mistérios dentro de ti.
Vê bem se tu te vês lá na frente...
Ultrapassa-te
E continua...
tp

Exemplos, modelos e técnicas!

Necessitamos de modelos para seguirmos em nossa evolução.

Devemos rastrear passos que correspondam às nossas expectativas. Podemos rever nossos passos e assim confirmar ou 'desconfirmar' as nossas crenças no decorrer da vida e, dessa forma, aprendemos a sobreviver às pedras do caminho.

Os terapeutas precisam de modelos para aplicarem suas técnicas terapêuticas e isso é certo, porém não é tudo. Existem outras partes que vão além das técnicas. Experiências profissionais, a personalidade do terapeuta e do paciente, as condições de cada um, o tempo e o espaço são exemplos que vão além das técnicas e modelos aplicados.

Os pacientes necessitam rever suas expectativas e se comprometerem com sua própria cura, mas, principalmente, buscarem autoconhecimento o máximo que puderem. Para isso, precisam aceitar os cuidados e a ajuda terapêutica que escolherem. Sabemos que a escolha não se dá apenas antes do encontro. Nos primeiros encontros terapêuticos, ambos estão se observando.

Um pensa: quem é ele e o que pode fazer para me auxiliar?

O outro pensa: quem é ele e o que posso fazer para ajudá-lo?

Certamente, outros pensamentos e sentimentos surgirão no decorrer dos encontros. E isso serve para todos os encontros.

O paciente pode buscar uma técnica ou ajuda específica, mas no fundo analisa o terapeuta desde a sala de espera, os móveis, os livros, a decoração do ambiente e, principalmente, a pessoa à sua frente. Chega a parecer, para nós, que os papéis estão invertidos, mas esses primeiros encontros são a base para uma boa evolução.

É evidente que mais importante do que as técnicas a serem utilizadas são as pessoas que ali estão, com seus possíveis mistérios a serem desvendados.

Uma técnica específica, seja logoterapêutica, comportamental, humanista, existencial, gestaltista, psicanalítica etc. terá sempre vários mestres que contribuíram para seu desenvolvimento e, em certos casos e não raros, a própria biografia de seu fundador será outro excelente exemplo para nos guiar. Mas a biografia do próprio paciente terá prioridade.

Jung, por exemplo, nos prestigia com sua sabedoria e diz:

> Da minha parte acho sempre cômico o fato de que certos médicos, hábeis em negócios, afirmam aplicar banhos e tratar segundo o método de "ADLER" ou "KÜNKEL" ou "FREUD" ou até mesmo "JUNG". Não existe tal tratamento, nem pode existir. Se alguém tentar fazê-lo, corre certamente o risco de fracassar. Ao tratar do senhor X, sou obrigado a empregar o método X, assim como devo aplicar o método Z à senhora Z. Isto significa que o método e os meios de tratamento dependem sobretudo da natureza do paciente. Quaisquer experiências psicológicas e quaisquer pontos de vista, quer provenham desta ou daquela teoria, podem ser úteis conforme o caso.
>
> (JUNG, Carl Gustav. *O Desenvolvimento da Personalidade*. Trad. Frei Valdemar do Amaral. Petrópolis: Vozes, 1986, p. 117-118)

Queremos dar exemplos, mas é importante seguirmos bons exemplos e, ainda que nos seja impossível compreender totalmente uma obra e uma biografia, nada nos impede de somarmos, mesmo que em partes, as boas teorias e práticas que vamos aprendendo nessa ânsia de saber. Fica sempre o alerta do filósofo Sócrates: "só sei que nada sei". Isso nos convém, para não desistirmos de saber mais e não acharmos que sabemos tudo.

Há uma tendência natural na qual buscamos bons exemplos de pensadores e mestres que introjetamos em nosso "mapa mental". São como bússolas para seguirmos.

Obviamente, buscamos em condições normais proteção, verdade, coragem, equilíbrio, saúde etc.

O contrário também existe como buscas de maus exemplos para confirmarem descaminhos. Mas não se trata aqui deste tema.

Quais são as buscas mais frequentes?

Embora tenhamos mais de um modelo, a presença de um tipo é mais marcante num período específico da vida.

Na infância, a tendência é a busca, principalmente, de proteção, mesmo que ilusória, contra monstros imaginários que invadem ou habitam o mundo desses pequeninos. Quanto mais nova for a criança, em sua imaturidade, vai procurar separar o bem do mal, o bom do mau. Com seus frágeis julgamentos, e em sua inocência natural, o que é bom só é bom; o que é mau só é mau, desde as antigas histórias infantis até os entretenimentos infantis atuais. Por isso seu herói é tão mágico e o anti-herói é tão bruxo. Os pais fazem parte dessa utopia infantil. Infelizmente alguns pais ignoram tal fato e deixam passar esse momento sublime, sem se darem conta da importância que têm no desenvolvimento da personalidade de seus filhos. Os pais aqui podem ser os verdadeiros terapeutas dos filhos, os grandes heróis, detentores das verdades absolutas. Lamentavelmente temos que admitir que alguns pais são péssimos exemplos.

Na juventude de hoje, do passado e a que virá, o calor dos desejos faz com que as buscas de exemplos e de heróis sejam quentes e apaixonantes. Encontramos nos jovens a ânsia de acharem seus exemplos nos professores, atores sensíveis e nas pessoas líderes e carismáticas. Os professores são os melhores exemplos nessa fase, sendo alvos da observação dos jovens. Na ânsia de saberem qual o melhor caminho, passam a considerá-los os donos da verdade. Mas, caso se sintam decepcionados, os tomam por donos da mentira e isso aumenta o risco de seguirem quaisquer exemplos no palco da vida.

Os jovens nessa fase se arriscam mais e em grupos e, caso se frustrem, seguirão facilmente quaisquer "frágeis verdades". Por sua vez, o homem amadurecido tende a buscar os seus modelos no mundo da lógica e da razão. Não pode perder muito tempo com o coração, pois precisa pensar, sentindo-se responsável por cuidar do mundo. Comumente procura exemplos estampados nos jornais ou em destaques nas mídias ou nas estatísticas de sucesso. Grandes estadistas, pensadores e homens de negócio são, com frequência, os modelos nessa fase.

Nesse período, a inteligência está ainda mais em alta, mas o risco de exemplos nefastos se acentua, pois o "mais esperto" é confundido com o mais inteligente. É ainda pior quando propagam a ideia de que não importam os meios, mas os fins. Felizmente existem homens que fazem de sua travessia um caminho cuidadoso, sem perder a finalidade.

Chegando até aqui, podemos vislumbrar exemplos singulares ao observarmos aqueles que foram modelos de uma vida diferente, possuindo uma visão mais ampla do universo: alguns, com total doação; outros, verdadeiros mártires, e por razões acima das convenções, mudam o que já estava escrito ou dão esperança de mudança.

Somos criaturas criadoras e tropeçamos feito aprendizes. Mas sempre teremos condições para cultivarmos sementes de virtudes.

Aprendizes do começo ao fim!

Nem sempre o que uma pessoa compreende a outra vai compreender, visto que é intransmissível e pessoal o que cada um sente. O bom vínculo de todos os bons encontros acontece não somente com a aceitação e sintonia que porventura possa ocorrer entre o mestre e o aprendiz. A mudança de um ou outro paradigma se faz necessário. E isso pode ocorrer com ambos, embora quem busca auxílio está mais propenso a enfrentar tais mudanças. E quem o acolhe deve cuidar do tempo e ritmo dessas mudanças. É evidente que ambos precisam de motivações para realizarem tais mudanças. O que buscam? O que buscamos?

De forma clara e ética Frankl deixou paradigmas que abrem portas para um melhor entendimento do ser humano:

> A busca da pessoa por um sentido de vida é a motivação primária em sua vida, e não uma racionalização secundária de impulsos instintivos. O ser humano é capaz de viver e até morrer por seus ideais e valores.
>
> (FRANKL, Viktor E. *Em Busca de Sentido*. Petrópolis: Sinodal/ Vozes, 1999, p. 92)

Normalmente, quem nos pede ajuda o faz por não estar vendo sentido em seu viver, ou por não saber mais como reencontrar o sentido. E já não percebe nem compreende com clareza o porquê de seu sofrimento, podendo se sentir vazio e desmotivado. Contudo, de pronto podemos perceber que a própria busca de ajuda representa uma motivação de quem pede socorro.

Ajudá-lo é tarefa ímpar.

Cabe aqui ressaltar que o bom acolhimento nos permite conhecer quem conosco compartilha seu viver. Nesses momentos podemos usar algumas técnicas e modelos terapêuticos, mas nenhum terá maior força e eficácia do que ouvi-lo com cuidado e atenção, pois o sentido da vida a ser buscado é tarefa dele e somente será desvendado tal desejo com o seu próprio esforço, vontade e escolha.

É necessário respeitarmos o seu tempo, embora não seja fácil por estarmos ansiosos em auxiliá-lo. Podemos dizer, sem medo de errar, que na arte do encontro as motivações de cada um hão de ser lapidadas até estabelecerem um projeto comum nessa busca. Estamos cercados de maus e bons exemplos. Cercados de impulsos, instintos, mas também de escolhas e motivações.

Os exemplos são retirados do próprio paciente e devolvidos a ele. São colhidos no mesmo campo, assim como o joio e o trigo, separados ao final da colheita. Ao ouvirmos atentamente, podemos devolver ao outro o que ele mesmo tem de bom exemplo, e deixar a ele a decisão de jogar fora o joio.

Também podemos aprender com ilustrações, metáforas, modelos, técnicas e biografias que nos tenham sido modelos de vida autênticos.

Por exemplo, a vida e obra de Viktor Frankl passa a ser um dever para todos que queiram compreender melhor o próprio caminho e o caminho da humanidade.

Apesar de ter sido sobrevivente da segunda grande guerra e de campos de extermínios; apesar de ter assistido ao horror do holocausto, manteve a razão, a esperança, e o sentido de vida.

Em sua vivência de grande sofrimento, continuou a florescer as ideias da logoterapia. O criador da logoterapia, da análise existencial, demonstrou com clareza uma dimensão noética, que caracteriza a existência humana. Uma dimensão em sua plenitude espiritual.

Continuou sonhando e realizando. Tornou possível o sonho "impossível" e, em sua vida e obra, desvendou melhor compreensão sobre os seres humanos. A partir de sua tese, não podemos negar a dimensão mais alta que podemos galgar. Nem instintos, nem impulsos são desculpas para desistirmos da liberdade e responsabilidade que temos.

Ele próprio nos serviu de exemplo. Disse:

> Que é então o homem? Nós aprendemos a conhecê-lo como talvez nenhuma outra geração anterior o tenha feito; nós o conhecemos no campo de concentração, onde tudo que não era essencial foi jogado fora; onde lhe faltou tudo que havia possuído: dinheiro, família, poder, felicidade, restando apenas o que o define como ser humano. Sobrou o que ele não pode "ter", mas o que deve "ser". O que ficou foi o próprio homem, em sua essência, queimado pela dor, dissolvido pelo sofrimento--o elemento humano em sua quintessência.

Que é, então, o homem? indagamos de novo. É um ser que sempre decide o que é. Um ser que, em proporções idênticas, traz consigo a possibilidade de descer ao nível do animal ou se elevar à vida do santo. O homem é a criatura que inventou a câmara de gás; mas ao mesmo tempo é a criatura que foi para câmara de gás com a cabeça erguida, rezando o Padre-Nosso ou a prece fúnebre dos judeus nos lábios.

(FRANKL, Viktor E. *Fundamentos Antropológicos de Psicologia*. Universidade de Viena: Zahar, 1975, p. 255)

Embasados nesses pensamentos podemos, sempre que quisermos, compartilhá-los.

Como no texto acima, Frankl viu não somente o que o ser humano "tem", mas o que ele "é": "Sobrou o que ele não pode 'ter', mas o que deve 'ser'".

Convidava-nos, ou melhor, instigava-nos à profunda reflexão sobre quem somos. Pacienzioso, exigente e persistente em sua escalada, indicava-nos caminhos que ele próprio experienciou, porém também reconheceu caminhos que outros apontaram.

Incansável, não desistiu de buscar o mais elevado. Frankl soube das dificuldades de um caminho verdadeiro, pois não foi um atalho que ele buscou, mas a trajetória e o sentido dessa estrada. Mesmo que a vida se apresente como um pesadelo, tirar disso um ensinamento é algo de tamanha grandeza, que pertence àquelas raras pessoas de que o mundo tanto precisa.

A busca de sentido pode causar tensão interior, porém esta tensão é pré-requisito para a saúde mental. A saúde mental está baseada em certo grau de

> tensão entre aquilo que já se alcançou e aquilo que ainda se deveria alcançar, entre o que se é e o que se deveria ser.
>
> (FRANKL, Viktor E. *Em Busca de Sentido*. Petrópolis: Editora Sinodal /Vozes, 1999, p. 95)

Se o ser humano traz em si a potencialidade de ser bom e carrega em si virtudes e valores, os mesmos devem ser explorados para enfrentar os medos.

Quando compartilhamos histórias de superação fundamentadas na busca de sentido, passamos a dar um melhor significado ao nosso rumo de caminhar, como se fosse uma das chaves que vão abrir as portas das prisões inconscientes em que, por não questionarmos anteriormente, ficávamos enredados.

Será sempre uma busca possível para todos. Quando nos dão a mão, a estendemos de volta e vice-versa.

Podemos insistir, como no início deste texto, que necessitamos de modelos para seguirmos em nossa evolução. Os exemplos vão além das técnicas e modelos aplicados.

Nada se pode tirar do ser humano em sua essência mais alta, nem se pode somar, mas muito se pode compartilhar.

É da natureza humana escolher o caminho a seguir com suas consequências, embora existam diferentes possibilidades até o fim dessa jornada terrestre. Oportunidades que apelam à consciência e à liberdade de ação, pelas quais o homem é responsável.

Em geral, as pessoas não pensam em mudanças, mas mudam, já que a vida impõe contínuas mudanças. Poucas são as transformações que foram planejadas e realizadas, mas geralmente são essas poucas que podem indicar o sentido real de vida.

Modificações acontecem espontaneamente em nossas vidas.

Foram várias mudanças que não dependeram de nós. Nossos nascimentos e nossos nomes foram escolhas de nossos pais. Trocas de escolas, mudanças de casa, de cidade e de religião foram mudanças vindas das escolhas deles. Mas se não fosse dessa forma, sendo ainda pré-conscientes, não teríamos sobrevivido. Sabemos que nossas escolhas foram realizadas por tentativas, acertos e erros. Assim, escrevemos nossa autoestima. Quanto mais jovens, mais inexperientes. Ouvíamos muitos "nãos" e nem todas as negativas foram para nossa proteção. Sabemos que destes, alguns foram desnecessários, superprotetores ou desqualificadores. Seria impossível viver se não enfrentássemos alguns "nãos". Era a luta do enfrentamento para que nos tornássemos livres.

Eram tantos "nãos"! Mas íamos, com o tempo, vislumbrando quais eram "joio" e quais eram "trigo".

Sabemos que alguns não sobreviveram ou sobreviveram com marcas profundas de desvalores, desamores ou desamparos.

Algumas mudanças dependeram de nossas escolhas. Os alimentos que nos serviam quando pequenos eram aceitos ou rejeitados dependendo do gosto de cada um; os interesses afetivos, por exemplo, foram em grande parte escolhidos por nós. Considerávamos o que era amor de verdade e, quanto mais inocentes, mais seguros ficávamos. O amor mais inocente vivia numa espécie de sacrário em nossos corações.

Certamente algumas vezes nos submetíamos ou rebelávamos. De uma forma ou de outra almejávamos a liberdade. Uma vez livres, voltávamos para a próxima escolha, aumentando nossas responsabilidades. Ficávamos presos novamente, mas, dessa vez, enredados nas buscas, amealhávamos experiências que passaram a ser nossas.

Quanto maior a liberdade conquistada, maiores se tornam os riscos. Para evitar os riscos, a responsabilidade aumenta gradativamente. E, enquanto isso acontece, a liberdade diminui.

A maturidade cobra seu preço, mas também aponta caminhos.

Não sabemos exatamente qual é o endereço da autorrealização, e pouco sabemos sobre a estrada do sentido da vida, mas, no contrapeso entre liberdade e responsabilidade, encontramos coragem para seguir.

Há indícios de que a tão desejada autorrealização está longe.

Mas alguns pensadores desenharam "mapas" que podem auxiliar-nos nessa empreitada.

Uma importante mudança na vida do ser humano acontece em seu nascimento com a primeira respiração, a primeira luz, pois para nascer se estabelece uma luta com um grande desejo de viver. Essa vontade de viver é a primeira semente a ser cultivada. Mas não devemos esquecer de quantas viagens frias, indesejadas e ameaçadas quase impediram a vinda de alguns, que lutaram muito para vencer essa barreira da qual ficaram marcas dolorosas que, certamente, interferiram na evolução deles. Se no início da caminhada cicatrizes cristalizam-se, é provável explicar por que, em alguns, a alma inocente esconde-se numa redoma defensiva.

Na busca da autorrealização, Abraham H. Maslow, psicólogo estadunidense, descreve a hierarquia das necessidades humanas. Maslow compreendia que nós, seres humanos, teríamos níveis hierárquicos a serem galgados, iniciando pelas necessidades mais básicas, passando por segurança, afeto, estima, até atingirmos a autorrealização.

> A forma específica dessas necessidades varia muito de pessoa para pessoa, é claro. Em um indivíduo essas necessidades podem assumir a forma de desejo de ser um excelente pai, em outro elas podem ser expressas atleticamente, e em outro ainda podem ser expressas pintando quadros ou inventando coisas.
>
> *"La forma específica que tomarán estas necesidades varía mucho de persona a persona, desde luego. En un individuo estas necesidades pueden tomar la forma del deseo de ser un padre excelente, en otro se puede expresar atléticamente, y todavía en otro se pueden expresar pintando cuadros o inventando cosas."*
>
> (MASLOW, Abraham H. *Motivacion Y Personalidad.* Madri: Díaz de Santos, 1991, p. 32)

Muitas barreiras foram transpostas no decorrer da vida e, com isso, aprendemos a ser mais flexíveis. Durante toda a vida estivemos sujeitos às mudanças e ainda estamos.

Vale refletir que, além da importância da busca da autorrealização, os meios para conseguir chegar nela também são importantes. Aprendemos com a busca por meio dos passos que percorremos.

Precisávamos de água, ar, alimentos, sono regular, saúde física. Também da segurança do dia seguinte para manter a proteção necessária, o abrigo e conforto, a saúde. Buscávamos respeito e autoestima. Dessa forma ficávamos mais aptos para nossas relações sociais e amorosas. Seguíamos em busca da autorrealização, que é a mais elevada busca, com independência, autocontrole e sabedoria. No entanto, cada degrau da pirâmide das necessidades tem sua importância de maneira que poderá interferir positiva ou negativamente no transcurso da vida de cada pessoa conforme sua evolução. Seguimos das necessidades mais básicas na infância, num processo evolutivo, até a autorrealização.

> O problema do primeiro ano de vida é estabelecer a dependência em bases firmes e naturais. Se essa necessidade for satisfeita, nos termos de Maslow, a criança está em posição muito melhor nos anos seguintes, para atingir o estádio de autorrealização. Se não for satisfeita, toda sua vida pode manifestar avidez, ambição e outros esforços semelhantes, a fim de obter a condição de dependência amorosa que o indivíduo inicialmente não teve.
>
> (ALLPORT, Gordon Willard. *Personalidade: Padrões e desenvolvimento*. Trad. Dante Moreira Leite. São Paulo: Edusp, 1973, p. 112)

É bom ressaltar que, não raras vezes, mal percebíamos os objetivos a serem seguidos.

Nossa própria consciência pode ser uma boa bússola que muitas vezes nos aponta os caminhos certos. Mas, às vezes, precisamos guiar melhor nossas vidas procurando nossos valores internos e apreciando os valores de outros mestres.

Lembro-me de uma história em quadrinhos do cartunista Mauricio de Sousa em que a personagem Mônica, ajoelhada, pedia a Deus que a ajudasse no exame escolar que haveria de fazer em breve. E, no quadrinho seguinte, de repente, caem vários livros à sua frente para serem lidos. O excesso de preocupação com a nota final deixava a personagem sem conseguir estudar de tanta ansiedade.

Enfim, se nos ocuparmos com a leitura, com o trabalho, com os mistérios do dia a dia, possivelmente melhor atingiremos nossos objetivos.

Se por um lado Maslow nos indicou o alvo a ser seguido, por outro Viktor Frankl nos revelou o compromisso com a caminhada e mais além.

Frankl diz:

> Minha afirmação, de que o homem perde a oportunidade de autorrealização se a busca diretamente, está de acordo com o próprio ponto de vista de Maslow, quando ele admite que o "empreendimento de autorrealização" pode ser levado a cabo "por meio do compromisso com um trabalho". Em minha opinião, a preocupação excessiva com a autorrealização pode levar à frustração da vontade de sentido. Assim como um bumerangue retorna ao caçador que o lançou somente se ele perdeu seu objetivo, o homem também retorna a si mesmo e tenta a autorrealização somente se ele perdeu sua missão.
>
> *"Mi afirmación de que el hombre pierde la oportunidad de la autorrealización si la busca directamente,*

> *concuerda justo con el propio punto de vista de Maslow, cuando él admite que "la empresa de la autorrealización" puede ser levada a cabo "por medio del compromiso con un trabajo importante."*
>
> *"En mi opinión, la excesiva preocupación por la autorrealización puede llevarnos a la frustración de la voluntad de sentido. Así como un bumerang vuelve al vazador que lo ha lanzado sólo si ha perdido su objetivo, el hombre también vuelve sobre sí mismo e intenta la autorrealización, sólo si ha perdido su misión."*
>
> (FRANKL, Viktor E. *Fundamentos y aplicaciones de la Logoterapia*. Buenos Aires: San Pablo, 1. ed., 2007, p. 42-43)

Qual será o melhor alvo para lançarmos nossos "bumerangues" em busca de realizações? Quais serão nossos castelos de sonhos? De que valeria a autorrealização e o amor-próprio realizado se não houvesse a quem doá-los?

Ficamos com a impressão de que aquém da chegada há o compromisso com a própria trajetória. E que além da viagem há o viajante e seu próximo. Somos todos viajantes e queremos contar nossas histórias no final da caminhada. E a melhor história a ser contada é a de amor. As maiores conquistas são aquelas que ainda vivem na lembrança do coração.

Passamos a vida construindo castelos que são sonhos almejados por nós. Acontece que, muitas vezes, vivemos de sonhos sem colocarmos os pés no chão. Construímos castelos de vento. Outras vezes, queremos somente desfrutar dos prazeres imediatos que a vida oferece e, com isso, construímos castelos de areia.

E se ficarmos por demais temerosos, desconfiados e inseguros, acabaremos por construir castelos de aço onde ninguém entra nem sai. Construiremos muralhas de solidão.

Quando dermos atenção aos pés, às mãos, ao coração, à razão e, principalmente, à nossa dimensão espiritual, poderemos construir o melhor castelo, com janelas e portas que vão se abrir para a realização dos sonhos e, então, poderemos desfrutar para além da autorrealização, abrir as portas desta morada e convidar a vida para viver conosco.

As mudanças podem nos tornar mais fortes e inteligentes ou mais serenos e sábios. Boas mudanças tendem a ser consagradas para sempre. Antes de mudarmos devemos regular a balança de dois pratos; de um lado colocamos o prazer e o poder e, do outro lado, o sentido e o amor. Não deixamos o lado do sentido e do amor vazio. Isso nos traz coragem e força.

6. Ser e Não Ser!

O Homem já não tem desculpas,
Há de responder à vida sem alarde,
Sem subterfúgios, esquivas ou culpas,
Responder um dia, cedo ou tarde.

tp

Ser humano! Deveríamos perguntar quem ele é ou o que ele é?

O que é esse ser que pensa, sente e age?

Quem é esse ser que pensa, sente e faz?

Quem é esse ser que necessita viver em sociedade?

Esse ser é um problema ou um mistério?

Humana criatura! Animal humano!

Humano: Ser, homem, pessoa, indivíduo, alma, organismo, tipo e ente.

Criatura: Criado e existente.

O ser humano, ao contrário de Deus, é criatura do Criador.

Quem será incompreensível: o homem ou o mundo?

A espécie humana, *homo sapiens*, é um ser vivo e único em sua inteligência, aquisição de conhecimentos e engenhosidade.

Por mais criatividade que a pessoa tenha, sempre será humana criatura e jamais a divindade criadora. Pode ser o inventor, autor de uma teoria com o espírito criador, mas jamais será o artesão divino, o demiurgo.

O homem é uma espécie que se distingue das demais por ser espiritual, mas ele próprio se ilude, crendo que o seu diferencial é a inteligência, e se engana facilmente. Na verdade, controla muitas coisas no mundo, domina a flora e a fauna, mas ilude-se ao pensar que conhece o planeta. Acredita ter autocontrole, mas mal sabe sobre si mesmo.

Sem se explicar, o ser humano segue seu caminho físico, emocional e racional, buscando constantemente o conhecimento para aprender a viver.

Frequentemente a criatura despreza pensar na sua dimensão espiritual porque sabe que aí não haverá controle. E assim, perde mais uma vez, porque seria dessa maneira que, misteriosamente, poderia se aproximar mais de si mesma.

O indivíduo tem cada vez mais pressa de ser feliz, mas o que busca é supérfluo, periférico e raramente essencial. Uma das razões que causam tal incompatibilidade na humanidade é a ausência de melhor consciência e melhores propósitos para viver. O homem se desenvolve por meio de suas ações e pensamentos, tendo, cada qual, uma tendência fundamental e característica de sua personalidade. As pessoas não se esquivam de certos padrões e muitas vezes não desenvolvem o melhor de si mesmas. Poderiam, inicialmente, buscar o caminho da autocompreensão, mas mal têm consciência de suas vidas e se embrenham em atalhos que os afastam de suas verdadeiras essências.

O ser humano, para evitar o confronto com o vazio existencial, a insensatez da vida, o sentimento de inutilidade que tanto o desespera, não deveria, mas se distrai com futilidades do caminho.

São forças atrativas que criam uma espiral infinita, gerando lutas internas e externas, sem rumo nem meta, que, ao chegarem ao fim do percurso, se sentirão perdidas em caminhos áridos e inóspitos.

O homem é um ser sociável, mas, paradoxalmente, parece um andarilho que segue sozinho sem saber exatamente seu destino.

Sem consciência, quase nada realiza ao escolher caminhos triviais.

Tende a tomar decisões fúteis e escolhas banais e nem mesmo percebe que está se afundando no niilismo moderno. Mas, mesmo que o ser humano se sinta abandonado, algo permanece seguro e inexplicavelmente sagrado; queira ou não, seu espírito intocável e inexplicável estará lá, protegido e protegendo-o. Esse ser espiritual busca o remédio para os males e o alívio para a dor de se perder por ignorar o que se é. E, na tentativa de explicar o inexplicável, procura esclarecer o significado para que possa retornar à missão original e buscar orientação e consciência. A missão do homem será a de ser homem.

A verdadeira diferença entre um ser humano e um animal não está na inteligência. Há algo melhor para descrever o que não se mede e, com um pouco de esforço, com um certo distanciamento de si mesmo, sem a rigidez das regras, mas com a flexibilidade de compreensão, o homem pode se ver melhor. Com o olhar da sensibilidade, a pessoa espiritual surge em sua diferença, como se renascesse.

A partir desse momento, com a consciência elevada, a pessoa é reorientada em seu comportamento com base nos princípios éticos que escolheu. A aceitação e o conhecimento são silenciados com uma certa paz e inquietude inexplicáveis.

O homem almeja o entendimento de seu ser na ânsia de alcançar plenamente tal compreensão para poder dar o salto tão esperado em sua missão e busca, que é a de vencer o destino, ainda que parcialmente, para atirar-se na aventura de ser livre e responsável.

> O destino pertence ao homem como o chão a que o agarra a força da gravidade, sem a qual lhe seria impossível caminhar. Temos que comportar-nos em relação ao destino como em relação ao chão que nós pisamos: estando em pé; sabendo, entretanto, que esse chão é o trampolim donde nos cumpre saltar para a liberdade.
>
> (FRANKL, Viktor E. *Psicoterapia e Sentido de Vida*. São Paulo: Quadrante, 1989, p. 120)

O ser humano tem condições de ir além de si mesmo em direção a um mundo tão alto e profundo. Em seu objetivo, com tal gesto, encontra o caminho certo para ser melhor do que era e mais do que o esperado.

Ao proteger seus valores, suportando os tremores que a vida às vezes causa, o homem mantém a esperança viva permanecendo na unidade de quem realmente ama.

Jamais o homem compreenderá totalmente o seu semelhante e, mesmo sendo algo distante de sua possibilidade, insiste em tal busca. Ao menos isso podemos compreender, que o homem é um eterno caminhante.

É impossível compreender totalmente o ser humano. Podemos aproximar-nos do terreno vital de sua natureza biológica, mas nunca chegaremos à altitude mais elevada, ao ponto mais alto e último dessa existência.

No entanto, não o comparamos ao personagem mítico Sísifo, que estava condenado a repetir a tarefa de empurrar a pedra até o topo da montanha e retornar indefinidamente ao ponto de partida enquanto a pedra rolava montanha abaixo.

O que acontece ao homem é diferente porque, quando atinge o ponto mais alto de sua própria existência, vê outro ponto ao qual deve chegar. E, quando essa etapa for possível, se sentirá satisfeito, mas não completo. Esse caminho, de procurar a completude na incompletude, leva o homem a alturas elevadas e o move a continuar caminhando e demarcando passos.

Quando olhamos no espelho vemos menos de nós mesmos do que a outra pessoa que nos vê. E aqueles que nos veem também veem partes de nossos reflexos, aparências e expressões. Perceber o outro é realmente um exercício que requer zelo e atenção.

Somos capazes de ver em nós e no outro múltiplas possibilidades de fracassos e sucessos, realizações e perdas. Mas, somente na tentativa de ver o outro e a nós mesmos em nossa dimensão espiritual poderemos sentir que estamos perante a pessoa autêntica e não o mítico Sísifo. Ainda que se comporte como tal, há em si a potencialidade de sua característica mais humana: a de ser único.

> O ser humano é aquilo que ele se torna. O ser humano se determina a si mesmo. Pode se portar como animal, ou como santo. A pessoa humana tem dentro de si ambas as potencialidades; qual será concretizada depende de decisões e não de condições.
> (FRANKL, Viktor E. *Psicoterapia e Sentido de Vida*. São Paulo: Quadrante, 1989, p. 65)

Vemos que o homem é certamente paradoxal. Esse fato é o que separa o ser humano com sua individualidade peculiar da ciência com suas complexidades e multiplicidades peculiares. As estatísticas, com suas excelentes precisões, contribuem muito para o desenvolvimento científico no que diz respeito à natureza humana, principalmente ao que se relaciona às questões históricas, antropológicas e à saúde global do ser humano. Mas nunca chega a ser completa, deixando de lado exatamente o que parece ser a característica única da pessoa humana.

Quando Viktor Frankl relata acima sobre a pessoa humana ter dentro de si potencialidades de se portar como um animal ou como um santo, remete-nos de forma impactante a um espelho que nos assusta e nos comove. Provoca-nos importantes reflexões. De um lado, a coisa de agirmos como animais pode ser bem explicada pela ciência, visto que o ser humano é um ser biológico com seus instintos e as profundezas humanas são fontes de vastos estudos. Quando, porém, nos aponta que o mesmo ser humano também pode se portar como um santo, lança-nos a uma altura que, ao buscarmos apenas na ciência o entendimento disso, jamais conseguiremos compreender.

Muitas são as perguntas e poucas são as respostas que obtemos sobre o ser humano, mesmo assim, essas poucas respostas nos servem como estrelas-guia.

> Sigmund Freud afirmou em certa ocasião: 'Imaginemos que alguém coloca determinado grupo de pessoas, bastante diversificado, numa mesma e uniforme situação de fome. Com o argumento de necessidade imperativa da fome, todas as diferenças individuais ficarão apagadas, e em seu lugar aparecerá a expressão uniforme da mesma necessidade não satisfeita'. Graças a Deus, Freud não precisou conhecer os campos de concentração do lado de dentro. Seus objetos de estudo se deitavam sobre divãs de pelúcia desenhados no estilo da cultura vitoriana, e não na imundice de Auschwitz. Lá, as "diferenças individuais" não se "apagaram", mas, ao contrário, as pessoas ficaram diferenciadas; os indivíduos retiraram suas máscaras, tanto os porcos como os 'santos'.
>
> (FRANKL, Viktor E. *Em Busca de Sentido*. Petrópolis: Sinodal/Vozes, 10. ed., 1999, p. 128-129)

Seguimos em buscas fundamentais, mas estamos aparelhados com instrumentos frágeis. A ciência, certamente, será sempre ilimitada, porém, a nossa capacidade humana de dominá-la, ao contrário, é extremamente limitada.

Se concordarmos com esse raciocínio, podemos deixar a sensação de pessimismo nos invadir, entretanto, apesar dos limites, nada nos impede de continuar a busca. Assim, somos impelidos a aceitar a humildade e a coragem.

Na verdade, não somos capazes de encontrar respostas absolutas, mas mesmo que de forma relativa, com as poucas respostas que temos e apesar de sermos obrigados a aceitar muitos paradoxos e mistérios, podemos resolver alguns enigmas e compreender alguns paradoxos. Essas são questões características do homem.

Mesmo que não tenhamos todas as respostas, mas que as consigamos parcialmente, sempre teremos capacidade originariamente humana de nos distanciarmos de nós mesmos.

> [...] o homem não só está em condições de se ver desde certa distância e tomar posição perante si mesmo, como também de se olhar acima de si mesmo: ele pode abranger-se com olhar, pois se ocupa espiritualmente de alguma coisa que existe fora de si mesmo. Encarada do ponto de vista terapêutico, esta é a possibilidade de pôr de lado o próprio eu junto com suas fraquezas e insuficiências, em vista de um valor ideal por cuja realização o indivíduo cresce acima das próprias fraquezas.
>
> (LUKAS, Elisabeth. *Logoterapia - A força desafiadora do Espírito*. São Paulo: Edições Loyola, 1989, p. 179)

A capacidade originariamente humana de distanciar-se de si pode ser vista no cotidiano da vida em momentos singulares e heroicos e, não raramente, com bom humor. Um marcante e expressivo exemplo para nossa reflexão é o da senhora J.

Essa senhora encontrava-se em tratamento oncológico e era submetida a sessões de radioterapia numa cidade próxima à sua, que, por ser maior, oferecia o tratamento radioterapêutico de que ela necessitava.

Não havia comentado com a vizinhança que fazia tal tratamento, pois preferia guardar discrição. Percebia que tais pessoas não demonstravam interesse real em protegê-la, pois percebia isso no âmago do grupo de voluntários. No entanto, apesar de sondada por uma ou outra pessoa da rua que demonstrava certa curiosidade, como que "bisbilhotando" sobre sua vida, querendo saber o porquê das viagens constantes, não se aborrecia. Sorrindo, ela contava que seu marido trabalhava na rádio difusora de sua cidade como locutor. Ela dizia então para as vizinhas: "Meu marido fica na rádio daqui e eu vou para a rádio de lá". Todos acreditavam que ela trabalhava em uma rádio difusora. Resolvia assim as dúvidas dos curiosos sem revelar sua intimidade, que queria preservar naquele momento.

A senhora J. não estava livre da doença que lhe acometeu, mas livre para sorrir apesar da dor. Era voluntária de uma casa de apoio no combate ao câncer e uma das melhores motivadoras nesse ofício de superação. Observa-se nessa senhora não somente um ato heroico de enfrentamento da doença, mas gestos de bom humor como se risse de si mesma. Ela se submetia rigorosa e disciplinarmente ao tratamento, mas via-se acima da doença, pois na verdade ninguém "é" a doença, mas "tem" a doença. Ela fazia o autodistanciamento de forma espontânea, tanto que, com sua compreensão e consciência, servia-nos de exemplo.

Durante as reuniões, pedia a todos para que contássemos nossas histórias e as ouvia com atenção e carinho. Mas ali, naquele ambiente coeso e seguro, também gostava de contar sua história, até mesmo sobre seu tratamento.

Também podemos recordar o passado, revendo-o ponto a ponto e aprendendo com ele. Isso nos parece um bom distanciamento que por vezes se faz necessário, principalmente quando, ao voltarmos deste passado, ficamos mais reflexivos e compreensivos.

Na reflexão, reconhecemos o que "éramos" e o que "somos". Mas, com o autodistanciamento, alcançamos a autotranscendência e não apenas percebemos o que "éramos" e "somos", mas também o que "podemos ser".

A nossa autobiografia será sempre uma boa maneira de refletirmos para reforçarmos bons valores ou reciclarmos nossa caminhada. Podemos questionar em que ponto estamos em nosso processo evolutivo.

Afinal, buscamos nossa maturidade do útero ao seio materno, nos primeiros passos, na família, na busca de amigos, na primeira escola, nas primeiras aventuras, na busca de autonomia, na busca de independência, na autorrealização, na autocompreensão e finalmente na autotranscendência.

A aventura da vida segue numa trajetória que vai de renascimento em renascimento.

Com que idade um homem pode dizer que é maduro?

Quando termina a infância e quando começa a adolescência? Onde começa realmente a vida madura?

São etapas evolutivas, que, ao atravessarmos uma a uma, vamos amadurecendo com elas.

Confirmaremos a potencialidade que existe em cada pessoa ao observarmos na arte e na biografia de muitos artistas uma sabedoria que, sem precedentes, leva-nos a reflexões incontestáveis da singularidade humana. Será que estamos nessa aventura de esboços inacabados em busca da completude?

Frankl, como sempre, nos lembra quem somos e cita o poeta:

> O poeta austríaco Jura Soyfer, que morreu bastante moço ainda no campo de concentração, compôs um poema, cujos últimos versos citamos abaixo:
>
> "Para que o homem em nós se liberte um dia
> há somente um meio:
> perguntar a todo instante se somos homens, responder a todo instante que não!
> Somos o mal-delineado esboço
> do homem a ser desenhado.
> Nada mais que um pobre pano de boca para a grande canção.
> Chamai-nos de homens?
> Esperar mais um pouco."
>
> Nesse comovente poema, o homem é descrito como 'esboçado', ainda a ser 'desenhado', ainda por vir.
>
> [...] o homem será capaz de 'traçar' o seu próprio 'esboço', isto é, sem obedecer a um projeto?
>
> (FRANKL, Viktor E. *Fundamentos Antropológicos de Psicologia*. Universidade de Viena: Zahar, 1975, p. 268)

Na verdade, nunca veremos se a nossa missão aqui na Terra foi totalmente cumprida. Mas, em vez de pararmos para assistir, é melhor seguirmos em frente, não apenas com expectativas, mas principalmente com esperança.

Em diferentes momentos de nossas vidas nos surpreendemos com algo ou alguém, o que nos remete a reflexões especiais, aparentemente saltos que nos levam por diferentes fases. Às vezes nos maravilhamos com a natureza, outras vezes nos rendemos ao amor, outras vezes jogamos fora nossas dúvidas em nome de Deus.

Para um simples exemplo de como a sabedoria e sensibilidade são singulares a cada pessoa, basta observarmos a biografia do poeta brasileiro Casimiro de Abreu, que viveu de 1839 a 1860. Morreu ainda jovem, aos 21 anos de idade, mas deixou uma obra de grande sensibilidade.

Seus poemas somente tiveram reconhecimento após sua morte, mas podemos dizer que se tornaram eternos.

O que poderíamos dizer do poema que se segue, onde o jovem Casimiro de Abreu sente-se hipnotizado pela natureza, interroga-a e curva-se perante ela e descobre Deus?

> Deus
> Eu me lembro! eu me lembro! - Era pequeno
> E brincava na praia; o mar bramia
> E, erguendo o dorso altivo, sacudia
> A branca escuma para o céu sereno.
> E eu disse a minha mãe nesse momento:
> "Que dura orquestra! Que furor insano!
> "Que pode haver maior do que o oceano,
> "Ou que seja mais forte do que o vento?!"
> - Minha mãe a sorrir olhou pr'os céus

E respondeu: - "Um Ser que nós não vemos
"É maior do que o mar que nós tememos,
"Mais forte que o tufão! meu filho, é - Deus!"

Como pode ser tão jovem e escrever com tamanha grandeza! Parece ser daqueles seres que pularam etapas e, mesmo jovem, já demonstravam sabedoria.

Voltemos às perguntas: Quando termina a infância, quando começa a adolescência? Onde começa realmente a vida madura? Em que etapa da vida estamos? Quais etapas precisaremos percorrer para atingirmos um pouco mais de sabedoria?

Padronizamos tais etapas, visto que somos seres gregários, mas, certamente, a aprendizagem será particular a cada pessoa. Um poema, um livro e um filme terão diferentes interpretações. Poderão servir de escopo para a maturidade de uns ou estorvo para outros. Como saberemos sem passar por cada etapa?

O filme *Django Livre*, por exemplo, mostra um cenário sangrento de vingança, tendo como pano de fundo o período da escravidão na América do século XIX. Apesar de ter um viés tão cruel e sangrento, típico do diretor Quentin Tarantino, também nos conduz à importância do amor e à busca de sentido e dignidade. Revela-nos o quanto são destruidores os preconceitos de toda espécie. O filme não é recomendado para menores de 16 anos.

Em períodos de ditaduras, os governos censuram não somente as idades como também a própria arte. Em governos democráticos, a censura dá lugar às recomendações.

Mas, tanto numa condição quanto em outra, o jovem tenta romper tais proibições.

Em tais casos e não raro, perde-se o controle sobre a individualidade. Por exemplo: se imaginarmos que o poeta Castro Alves, conhecido como "o poeta dos escravos", fosse trazido para esse tempo de agora, apenas com 15 anos de idade, e fosse vedado a ele assistir ao filme *Django Livre*, certamente isso seria uma total incongruência. Ele, que viveu no século XIX e teve a sensibilidade de perceber, sofrer e transformar em arte poética a dor daqueles que não tinham por eles nenhum defensor. Um jovem que, apesar de ter morrido aos 24 anos de idade, ainda vive entre nós, ecoando em alto-mar e bradando por um pouco mais de justiça em seus eternos versos.

Seu poema "Navio Negreiro" é tão marcante quanto o filme de Quentin Tarantino.

Além da biografia, tanto nossa quanto de mestres ímpares da humanidade, também a arte será fonte para refletirmos na busca de um melhor entendimento da pessoa humana. Alertas também nos dão sabedoria.

Vale aqui rever alguns versos do jovem e sábio Castro Alves:

"Era um sonho dantesco... O tombadilho
Que das luzernas avermelha o brilho,
Em sangue a se banhar.
Tinir de ferros... estalar do açoite...
Legiões de homens negros como a noite,
Horrendos a dançar..."
[...]

"Negras mulheres, suspendendo às tetas
Magras crianças, cujas bocas pretas
Rega o sangue das mães:
Outras, moças... mas nuas, espantadas,
No turbilhão de espectros arrastadas,
Em ânsia e mágoa vãs."
[...]
Senhor Deus dos desgraçados!
Dizei-me vós, Senhor Deus,
Se eu deliro... ou se é verdade
Tanto horror perante os céus?!...
Ó mar, por que não apagas
Co'a esponja de tuas vagas
Do teu manto este borrão?
Astros! noites! tempestades!
Rolai das imensidades!
Varrei os mares, tufão! ...

Castro Alves e Casimiro de Abreu tiveram maturidade suficiente para compreenderem além de suas idades. Aliás, estando à frente cronologicamente, podemos assegurar que eles, com sensibilidade e sabedoria, ultrapassaram muito a maioria de nós.

Apesar das suas mortes prematuras, nada impediu que eles e tantos outros cumprissem os seus destinos com objetivos e aspirações artísticas. Souberam cumprir as suas missões principais.

A maturidade e a sabedoria são particularidades de cada um e medi-las em estatísticas trará resultados imprecisos.

Felizmente, com cuidado, é possível abrir as portas adequadas que podem contribuir com mais conhecimento, sabedoria e menos ignorância.

São padrões de condutas e comportamentos sociais predefinidos que, com certeza, baseiam-se em teorias de estudos da pessoa humana com seu desenvolvimento biopsicossocial. Mas serão apenas bases estatísticas e não revelarão a individualidade ou maturidade de cada pessoa.

No autodistanciamento que muitas vezes vemos na ação dos poetas ao realizarem em versos o testemunho de uma doação, podemos perceber uma verdadeira autotranscendência. Serão exceções?

Precisamos de regras, mas às vezes as exceções se concretizam para sempre.

São pessoas excepcionais que podem dar o exemplo para iluminar nossos caminhos. São exemplos notáveis que podem iluminar nossa consciência.

Os poemas que Frankl escreveu são tocantes e de muita sensibilidade e comprometimento; dentre eles, destaco um que nos parece uma comunhão de autodistanciamento e autotranscendência:

> Pesais tanto sobre mim, meus mortos:
> Estais ao meu redor como uma obrigação silenciosa de existir por vós;
> tenho então agora a ordem de remir o que vos deve a destruição.
> O que mais haveríeis de sofrer, devo sofrer agora e desfrutar de vosso prazer rompido e decidir vossas ações ainda não nascidas e beber por vós o sol todas as manhãs e todas as noites por vós olhar o céu[.]

E acenar para as estrelas e erigir escadas todos os dias. (dos meus dias...)
E escutar para vós o canto dos violinos
e por vós desejar cada beijo...
Até eu descobrir que em cada brilho
do sol luta vosso olhar para expressar-se[.]
Até eu reparar que, em cada flor
da árvore, há um morto que me acena.
Até eu perceber que prestais a cada pássaro
vossa voz para seu chilreio:
é que ele quer (ou quereis vós) saudar-me ou – talvez dizer,
que me perdoa por continuar a viver?

(FRANKL, Viktor E. *Chegará o dia em que serás livre*. São Paulo: Quadrante, 2021, p. 46-47)

O poema acima foi escrito após o término da guerra, mas pode-se perceber o comprometimento do autor com seus familiares, amigos e, por que não dizer, com toda a humanidade.

> Passei três anos em quatro campos de concentração, em Theresienstadt, Auschwitz, Kaufering III e Türkheim. Sobrevivi, mas no que se refere a minha família com exceção de minha irmã, poderia usar as palavras de Rilke: O Senhor deu a cada um sua própria morte. Meu pai morreu no campo de Theresienstadt praticamente em meus braços; minha mãe chegou a Auschwitz e foi mandada para o gás; meu irmão, como ouvi dizer, foi enviado para um campo secundário de Auschwitz e supostamente morreu numa mina.

> Faz algum tempo, minha velha amiga Erna Felmayr me mandou um poema escrito por mim em 1946 num bloco de receituário e que eu havia entregue a ela. Este poema reflete o meu estado de espírito à época...
>
> (FRANKL, Viktor E. *O que não está escrito em meus livros – memórias.* São Paulo: É Realizações, 2010, p. 117)

Viktor Frankl, além de sua biografia e vida, deixa-nos o legado da Logoterapia e da Análise existencial com sua prática humanizada como base segura e irrefutável que podemos e devemos seguir em nosso caminho pela vida. Com a Logoterapia aprendemos a fazer o exercício do autodistanciamento, onde nos tornamos objetos de nossa própria avaliação.

À medida que nos distanciamos de nós mesmos, exercitamos uma reflexão puramente humana. Vamos perceber nossas fraquezas, nossa força e nossa resiliência. Seremos tanto o olho quanto o olhar; o pensamento quanto o pensador.

O autodistanciamento está associado a uma reflexão de vida, um distanciamento de nós mesmos e um exercício de ver quem somos à distância. Seremos capazes de perceber nossa superação e nos sentirmos vencedores. Notaremos também nossa capacidade de rir de nós mesmos apesar do sofrimento. O autodistanciamento e a autocompreensão acontecem simultaneamente.

> A capacidade de o homem se transcender a si mesmo acresce, entretanto, a sua capacidade de se distanciar de si mesmo. É justamente esta capacidade que caracteriza e constitui o homem como tal.
>
> (FRANKL, Viktor E. *Psicoterapia e Sentido de Vida.* São Paulo: Quadrante, 1989, p. 249)

Quanto mais uma pessoa intencional e conscientemente se distancia de si mesma, mais ela se entende. Mesmo diante de quaisquer circunstâncias, por piores que sejam, nosso pensamento será livre e inviolável. Podemos pensar, escolher e agir de acordo com nossa capacidade mental. Até mesmo nossos devaneios serão únicos e específicos para cada um de nós.

O autodistanciamento pode e deve ser feito no tempo presente, com a sutil reflexão desse ser que somos, mas com o constante entendimento de que buscamos o sentido de nossa vida. Por vezes, nos distanciaremos de nós mesmos para retornarmos ao que somos e ao que queremos ser, como quem se apronta para a autotranscendência.

Somos múltiplos, mas algo em nós é único. Expressamo-nos por meio de dimensões corporais, racionais e emocionais. Mas é na dimensão noética nossa morada essencial. Algo em nós é alguém.

*autodistanciamento: capacidade humana de distanciar-se de qualquer condição, ou de si mesmo, escolhendo uma atitude, posicionando-se. Com humor ou com heroísmo.

7. Imanência e Transcendência!

Por vezes estamos andando,
por vezes estamos morrendo, por vezes renascendo!
Neste momento, por exemplo, estamos voando...
Voando sobre templos,
Neste céu que agora criamos...
tp

O que há de perfeito em nós pode sim ser procurado, mesmo que não seja encontrado. Vemos a luz do outro e muitas vezes não percebemos a própria luz. Vemos apenas reflexos, mas podemos suspeitar que o reflexo da luz que vemos partiu de algum lugar, e isso aumenta a suspeita de que pode ser um lugar perfeito ou sagrado. Podemos ver uma chama de luz nas atitudes de muitas pessoas, de vários credos, de várias nacionalidades, no decorrer da história da humanidade. Sendo bons exemplos, podemos admirá-los e, por que não, aprender com eles.

Como encontrar o caminho para dentro de nós mesmos, em busca de luz?

Nós nos percebemos imperfeitos em nossa condição humana, é claro, mas vislumbramos algo único, como diz

Viktor Frankl com frequência: "o ser humano é único e irrepetível".

Podemos refletir sobre nossas atitudes e sobre a nossa missão? Precisamos saber qual tem sido nossa missão em cada situação vivida para podermos ir um pouco mais adiante.

Nessa trajetória, às vezes temos que nos reabastecer com os valores que conseguimos obter até agora. E um dos valores certamente é o da humildade, pois sabemos que nossa singular perfeição não é percebida nessa trajetória terrena, e sabemos que somos criaturas do Criador, com imperfeições e finitude, mas nada nos impede de buscar a luz. A busca pode ser constante.

São tantos os conceitos, as fórmulas, as dúvidas e as certezas que temos que saber sobre nós, que perdemos a noção de quem somos. Perdemos de vista nossa beleza, bondade, verdade. E, se as perdemos de vista, teremos que procurá-las até reencontrá-las. Podemos reconhecer aqui que estamos nos procurando em uma trajetória de vida sem fim. Mas quem está procurando quem?

Na busca da concretude do que somos em nossas dimensões corporais, emocionais, racionais, estaremos perto de descobrir o centro e a nossa dimensão noética?

Parece que quando a criatura que somos vislumbra a essência, tende a ter dúvida sobre esse encontro, ou distorce e fica sem entender nada. Porém, quando a perfeição encontra a imperfeição, a entende, tolera e compartilha a vida com ela, na busca de reorientá-la. Será que tudo se resume a este encontro dentro de nós?

Em nossas tarefas, e árdua missão, buscamos todos os meios para aceitar a vida, mas somos confrontados com velhos medos que nos deixam presos em nós mesmos.

Qualquer pessoa que esteja emocionalmente presa pode encontrar uma razão para se livrar desses laços. Mas a dimensão racional pode ser apenas um meio dessa possibilidade, não a libertando completamente. Razões demais podem ser escravizantes quando levam ao perfeccionismo.

Mesmo um conhecimento profundo não é completo, mas pode tornar o ser humano um escravo em vez de uma pessoa livre, gerando a ilusão de que ele é o mestre de si mesmo. Isso é apenas uma ilusão.

Se a busca da perfeição se confundir com perfeccionismo, podemos perder o rumo tanto de nossas próprias buscas como do encontro com outro ser humano.

Tão comuns são os intermináveis diálogos internos que acontecem em nossos pensamentos, nessas lutas que temos em nosso solilóquio. Frederick Perls revela esta luta para nós:

> A pessoa é dividida em controlador e controlado. O conflito interno, a luta entre o dominador e dominado, nunca é completa, pois o dominado e o dominador lutam pelas suas vidas. Esta é a base para o famoso jogo da autotortura. Geralmente aceitamos o dominador como certo e em muitos casos o dominador faz exigências impossíveis e perfeccionistas. Assim, se vocês estiverem atormentados pelo perfeccionismo, estarão absolutamente perdidos. Este ideal é um termo de comparação que sempre lhes dará a condição para se intimidarem, repreenderem

> a si e aos outros. Sendo este ideal algo impossível, vocês nunca poderão corresponder a ele. O perfeccionista não é apaixonado pela esposa. É apaixonado pelo seu ideal e exige que a esposa caiba na "cama Procrusteana"* de suas expectativas, culpando-a se ela não couber.
>
> *Procrustes — um bandido lendário da antiga Ática, que punha suas vítimas numa cama de ferro, e as esticava ou cortava os membros, para fazê-las caber exatamente. A palavra é usada hoje para descrever alguém que tenta fazer os outros se sujeitarem a uma norma ou regra arbitrária. — (N. do T.)
>
> (PERLS, Frederick Salomon. *Gestalt Terapia Explicada*. São Paulo: Summus, 2. ed., 1977, p. 36-37)

Às vezes, a certeza torna a pessoa exigente e fechada em si mesma.

Não só exigente com os outros, mas também consigo mesma, criando regras e leis impossíveis de serem cumpridas e, devido a tais exigências de perfeccionismo, ela não corresponde às suas próprias expectativas, podendo até ficar aborrecida ao pensar que, apesar de acreditar que está absolutamente certa, essa certeza terá sido inútil.

Fazemos morada e vivemos em nós. Somos residentes da própria casa. A verdade é uma das janelas desta "casa", mas é necessário abrir outras janelas para ventilar a "moradia": janelas de gentileza, sensibilidade e amor. Manter a "residência" limpa e transparente, para que esse hóspede que somos possa evoluir de verdade com a espiritualidade própria de cada ser.

Bondade, sensibilidade e verdade são os pilares do crescimento humano. Quem não se coloca no lugar do outro não aprende o que é ter empatia. E se não sabe o que é empatia, não se coloca no lugar do outro, não busca esse aprendizado e pode causar mais sofrimento ao próximo, achando que causará menos sofrimento a si mesmo. Mal percebe que não encontrou o verdadeiro caminho e, ao não encontrar o caminho certo, corre o risco de nunca mais se refazer.

O que há de perfeito em nós pode sim ser encontrado. No entanto, é importante saber como fazê-lo. E saberemos quem o busca!

> [...] há homens que dão mais um passo, vivendo a vida, digamos assim, numa dimensão que vai mais longe. São homens para quem a missão, por assim dizer, é qualquer coisa de transitivo. Experimentam, juntamente com ela, a vivência de uma instância donde a missão lhes vem. Na sua vivência, vão ao encontro da instância que os incumbe da missão. Vivem a missão como mandato. A vida deixa transparecer neles a presença de um mandante transcendente. E é com isto, a meu ver, que se poderia desenhar um dos rasgos essenciais do *homo religiosus*: aquele homem em cujo ser-consciente e ser-responsável se dão conjuntamente a missão vital e o mandante que lhe confere.
>
> (FRANKL, Viktor E. *Psicoterapia e Sentido de Vida*. São Paulo: Quadrante, 1989, p. 95)

Procurar para saber e saber para procurar.
Quem procura quem e quem encontra quem?

A perfeição humana certamente supera as razões, as emoções, a aparência física. Está mais próxima das coisas espirituais.

A perfeição humana e a plenitude certamente transcendem o corporal, o temperamento e o caráter. A pessoa se move em direção ao espiritual quando compreende a personalidade como um todo.

É um sinal da existência de transcendência no ser humano e de que há uma dimensão perfeita por si só. Difícil é acessá-la ou deixá-la nos conduzir. Mas nada disso é impossível.

O ser humano caminha através do corporal, emocional e racional. Supera seus desejos e medos e conquista seu mundo. É um caminho delicado e de imperfeições que também tem suas bifurcações e cuidados.

Não há mapas ou fórmulas perfeitas. A alma se alimenta de crenças que podem ser de amor ou medo. Dizem que a vida é como um eco e se gritamos por medo, ela responde ao medo; e se clamamos ao amor, ela responde ao amor. Na verdade, muitas vezes a vida devolve o que é oferecido, mas, às vezes, apesar do grito de paz e do pedido de luz, o que vem é a dor e o sofrimento. É como se a vida frequentemente colocasse os seres humanos à prova.

Às vezes somos recompensados por experiências inesquecíveis; outras vezes, participamos como criadores. Geramos, com nosso próprio suor, um pouco do mundo, mas raramente somos submetidos a provações, contratempos inesperados. Mesmo assim, podemos passar por transformações significativas.

O escopo de tal mudança vem do contexto de cada um. Vem de uma categoria especial, de uma dimensão única e é por isso que as pessoas que parecem fracas, geralmente, se tornam tão fortes em questões de superação que, às vezes, transformam-se em modelos para todos.

As doenças físicas, emocionais e mentais, por vezes, podem ser o resultado de toda a inquietação que uma pessoa experimenta na vida. Pode parecer que a pessoa perdeu o contato com o centro, mas ela pode se reconectar com ela mesma a qualquer momento.

Quem nunca sofreu? Quem nunca errou? Quem nunca se enganou?

Sofremos com as nossas imperfeições e, sobretudo, com o desejo de sermos perfeitos. Na busca pela perfeição nas dimensões física, emocional e racional temos vários sucessos que são apenas temporários. Sofremos quando não conseguimos o que queremos ou quando não recebemos o que acreditamos ter direito.

Padecemos com a possibilidade de um futuro desastroso e assim desorganizamos nosso presente. Repartimos lembranças do nosso passado para compartilhá-las com perfeição ao tentarmos esquecer o que foi ruim, e apenas lembrarmos do que foi bom. Mas o que faremos quando sofrermos com nossas imperfeições humanas, com a possibilidade de adoecermos, envelhecermos ou morrermos?

> Se todos os homens fossem perfeitos, seriam todos iguais uns aos outros, qualquer um poderia representar a bel-prazer outro qualquer, e para quem quer que fosse, portanto, seria cada qual um substituto.

> Mas é precisamente da imperfeição do homem que deriva o caráter indispensável e insubstituível de cada indivíduo, pois ainda que o indivíduo seja na verdade imperfeito, cada qual o é a seu modo.
>
> (FRANKL, Viktor E. *Psicoterapia e Sentido de Vida.* São Paulo: Quadrante, 1989, p. 114)

Evitamos o sentimento de culpa e julgamos muito nossos passos e os da outra pessoa, mas pecamos com frequência, pois mal sabemos perdoar.

Ficamos quase tão loucos que procuramos motivos e mais motivos para justificarmos nossas imperfeições.

Sentimo-nos solitários quando procuramos na outra pessoa a solução para nossa solidão. Mal compreendemos o amor-próprio, mas queremos amar sem saber.

Perdemos saúde, controle emocional, choramos, explodimos, desesperamo-nos quando não somos compreendidos ou quando não somos aceitos ou apoiados em nossos pensamentos ou comportamentos.

Nos gabamos quando não cometemos erros, quando suportamos o medo, quando nos controlamos e não choramos. Mas logo vemos que isso também é fugaz.

É sempre bom aprender. Mas sem uma dimensão mais elevada, sofreremos na sequência da caminhada, pois sofremos com as incertezas.

Parece-nos que temos motivos para afirmar que as certezas são frágeis, mas a convicção da fé torna-se a certeza da alma.

Por meio de sua vasta experiência clínica e dissertações ontológicas, Frankl revela e distingue as diferentes dimensões biopsicossociais que nos são específicas, mas sempre enfatiza que nossa essência está na dimensão espiritual.

> Uma característica da existência humana é sua transcendência. O ser humano transcende não só seu entorno chegando até um mundo, até o mundo, mas transcende também seu ser chegando até um dever. E cada vez que o ser humano transcende a si mesmo dessa maneira, eleva a si mesmo por cima de sua própria realidade psicofísica, deixa o plano do somático e do psíquico e entra no espaço do propriamente humano, que é constituído por uma nova dimensão, a dimensão noética, a dimensão do espírito; pois nem o somático nem o psíquico isolados constituem o propriamente humano.
>
> (FRANKL, Viktor E. *A psicoterapia na prática: uma introdução casuística para médicos*. Trad. Vilma Schneider. Petrópolis: Vozes, 2019)

O homem pode se satisfazer com sua busca, pois é um bom caminho. Mas, no reino da vida, nada é permanente e, assim, desejará outro objetivo em seus sonhos. Uma dimensão que o despertará para amar toda sua criação em abundância e em tudo.

Quando iniciamos um projeto, engajamo-nos nele com cuidado até o seu final para nos sentirmos completos. Não sabemos qual será o seu fim, mas seguimos com o desejo de chegarmos à sua conclusão.

Não sabemos quando e nem o que faremos após a sua conclusão. Quando trazemos a metáfora do trabalho e da atividade para um propósito na vida, podemos ver quanto mistério aí existe.

Passamos por diferentes fases da vida. Talvez a própria vida seja uma fase, um período maravilhoso no qual podemos evoluir a cada passo e experiência.

A existência de cada um de nós é um sonho maravilhoso a ser realizado ou será uma missão e um mistério a serem cumpridos e desvendados?

Somos diversos em nossas dimensões físicas, emocionais e racionais.

Em algum momento da vida, podemos nos perguntar o que somos. Sabemos que somos únicos e que o outro é único. Mas o que há de único em nós? Em que dimensão estamos? Não vemos isso nos espelhos. Não enxergamos nosso rosto real, mas sabemos que habitamos em nós mesmos.

> Não sabemos de onde vem o espiritual, a pessoa espiritual, até alcançar o corpóreo-psíquico. Uma coisa é certa: não provém dos cromossomos.
> Isso resulta *per exclusionem*, já que, segundo vimos, a pessoa espiritual é essencialmente um *in-dividuum* e um *in-summable*, ela é essencialmente indivisível e inadicionável e nunca pode, como tal, derivar do divisível e do adicionável.
>
> (FRANKL, Viktor E. *Fundamentos Antropológicos da Psicoterapia*. Rio de Janeiro: Zahar, 1978, p. 130)

Vale lembrar que no início da vida nada questionávamos e, para as perguntas infantis que foram feitas, todas as respostas foram satisfatórias. Acreditamos em tudo o que ouvimos sem questionar. É claro que os exemplos negativos que nos foram transmitidos e que influenciaram nossas vidas vão sendo questionados à medida que envelhecemos.

Felizmente, o contrário também aconteceu, pois boas referências foram recolhidas e selecionadas para o nosso melhor crescimento. Nesse caso, não questionamos, mas as integramos a nós.

A grande maioria de nós provavelmente perderia essas respostas se não houvesse perguntas essenciais na infância, ao longo dos anos e na adolescência.

Muito se ouve dos jovens: "Não pedi para nascer".

Muitos perguntaram por que os trouxeram ao mundo.

A pergunta é muito comum, mas nos assusta porque não temos uma resposta completa.

Com o passar do tempo, as perguntas que fazemos diminuem, mas as dúvidas que ainda temos, não. É por isso que não fazemos mais tantas perguntas, porque, à medida que amadurecemos, nos comprometemos em dar mais respostas e fazer menos perguntas. Seguimos o caminho da nossa vida e damos as melhores respostas. Quando estamos mais amadurecidos é que mais lembramos dos conselhos dos mestres, dos pais, dos avós. Aprendemos a compreender esses seres mais sábios e sensíveis e descobrimos que suas respostas são expressas mais em atitudes do que na linguagem.

E se quisermos questionar a vida humana, podemos pensar de antemão que também temos que responder quem somos.

> Quem, tendo passado pela experiência de educar uma criança, não viu chegar o momento em que a pessoa espiritual se anuncia pela primeira vez? Quem, num caso desses, não se sentiu emocionado

ao contemplar o primeiro sorriso da criança? O instante em que algo relampeja, algo que parece ter esperado sempre por esse minuto verdadeiramente luminoso, no qual algo brilha, exatamente por um momento, talvez somente por uma fração de segundo para logo desaparecer, recuando para trás do organismo psicofísico – de novo oculto, aparentemente mero autômato, que dá a impressão de ser apenas um aparelho controlado por reflexos condicionados e incondicionados.

"Algo", como dissemos há pouco, se anuncia; não deveríamos dizer "Alguém"? Trata-se aqui exatamente de alguém e não de alguma coisa; não é de nenhuma coisa, mas da pessoa espiritual. Foi a pessoa que esperou até poder brilhar como um relâmpago – até poder sorrir através do organismo no "seu" campo de expressão.

(FRANKL, Viktor E. *Fundamentos Antropológicos da Psicoterapia*. Rio de Janeiro: Zahar, 1978, p. 130)

Viktor E. Frankl nos apontou, em seu conceito de ser humano, uma melhor compreensão de que esse ente que somos tem corpo e alma, mas é espírito. Para atingir tão firmemente esse conceito e alcançar tamanha convicção, Frankl, em sua trajetória tão complexa, profunda e elevada, perpassa pelo biopsicossocial para chegar ao espiritual. Sendo assim, estudou e questionou "o fazer", "o prazer", "o poder": o biológico-comportamental de Watson, a psicanálise de Freud e a psicologia individual de Adler. Mas deixou-nos de herança o conceito antropológico-filosófico do homem, a logoterapia, a análise existencial. Apontou-nos a relevância e os fundamentos do sentido da vida. Com isso, arrumou a casa das dúvidas e nos abriu portas.

> A análise existencial tem por missão mobiliar e decorar o melhor possível a sala de imanência, evitando sempre obstruir as portas que dão para a transcendência.
>
> Não pretende mais do que aquilo; mas também não se lhe pode pedir que vá além disto.
>
> Segue, se assim se prefere, uma política de portas abertas; por estas portas pode livremente sair o homem religioso, sem que ninguém lhe impeça, como também se mais aprouver, assim livremente pode entrar o espírito de autêntica religiosidade, sem que ninguém o obrigue a isso: o espírito de autêntica religiosidade... que não pode prescindir dessa espontaneidade.
>
> (FRANKL, Viktor E. *Psicoterapia e Sentido de Vida*. São Paulo: Quadrante, 1989, p. 337)

Nem sempre sabemos dar respostas. Precisamos dos mestres e das palavras para buscá-las. Mas, depois de toda a caminhada, o silêncio de quem crê fala mais alto.

Podemos não notar o céu. Mas, de qualquer forma, as perguntas não têm fim, pois não estamos mais enredados em laços inquebrantáveis, voando sem destino em voos sem fronteiras e caminhos sem qualidade. Não podemos tocar com nossas mãos e ver com nossos próprios olhos o que está além do nosso alcance, nem descrever algo que não pode ser transmitido ou explicar o que é intransferível. As palavras aqui sobrecarregam a compreensão. Mas o silêncio apreendido e respeitado é completo, sem linguagem, puro e feito de luz.

Embora não sejamos perfeitos, chegamos perto de quem somos, nossa dimensão noética. Apesar dos limites em nossas dimensões emocionais e racionais, somos capazes de perceber quão especial e única é nossa dimensão noética.

Embora existam muitas teorias e dúvidas no sentido de nos conhecermos melhor e nos aproximarmos da magnitude noética, podemos acreditar que as questões acima levam-nos a uma certa aproximação com o nosso centro.

Parece que, mesmo à primeira vista, a dimensão biopsíquica chega tão perto da perfeição que temos uma sensação de transcendência. Quando tudo parece resumido a este encontro dentro de nós, sentimo-nos compelidos a olhar para o outro, a ver o outro para além do que apenas vemos, a fim de estabelecer um verdadeiro encontro. Talvez esse autoconhecimento e essa autocompreensão sejam necessários para chegarmos ao encontro essencial com a outra pessoa, onde teremos a oportunidade de realizar o sentido do amor que aprendemos com Viktor Frankl.

Sabemos que como seres humanos somos finitos e limitados e jamais completaremos o mosaico de nossa existência. Questionamos qual é a essência de nosso ser. Conseguimos fazer pouco progresso na compreensão do homem. Porém, quanto mais estudamos a existência humana e seus fenômenos, mais nos aproximamos da questão essencial: quem somos nós? De onde viemos? Para onde estamos indo? Quem nos criou?

Podemos ir mais a fundo, mas com as limitações e a finitude que nos são naturais. Sabemos mais sobre a natureza e menos sobre nossa própria natureza.

Crendo, nos sentimos mais próximos do Criador. Queremos estar perto de Deus ou do que chamamos de sagrado.

Como será Deus? Qual será a aparência do seu rosto? Como será o céu? Haverá uma hierarquia no Paraíso?

Não seria melhor guardar essas questões para nós mesmos? Não seria melhor examinar se existe dentro de nós um chamado para seguir o caminho de Deus? E qual será o melhor caminho a seguir?

Muitas respostas foram oferecidas a essas perguntas. Muitos pensadores têm respondido com argumentos excelentes, mas tão diferentes uns dos outros, que vez ou outra nos leva a certas ambivalências.

As melhores respostas nos foram dadas por mestres que vivenciaram seus fenômenos de fé em suas próprias vidas e experiências.

Quando pensamos assim, inúmeros mártires e pessoas santificadas, de diferentes épocas e diversas religiões, vêm à mente. Mas não só no campo religioso encontramos pessoas e histórias de bons exemplos. Em toda parte podemos encontrar exemplos a serem seguidos, porém, também precisamos regular as nossas bússolas para que nos guiem e norteiem nossos caminhos.

Viktor Frankl, por exemplo, se debruçou na missão de nos apontar o caminho da dimensão noética. Revendo seus textos, podemos encontrar muitas respostas.

> Não se pode ver o céu nem mesmo que o iluminemos com os mais poderosos refletores. Se vemos algo, uma nuvem, isto provará apenas que não é o céu que estamos vendo. A nuvem visível é o símbolo do céu invisível.
>
> (FRANKL, Viktor E. *Fundamentos Antropológicos da Psicoterapia*. Rio de Janeiro: Zahar, 1978, p. 279)

Incapazes de alcançar o céu, continuamos em busca do pico mais alto da existência humana, como fazem os alpinistas.

Seremos todos alpinistas? Se chegarmos lá em cima poderemos ver os vales, rios, matas e cachoeiras que estão sob nossos pés, mas também iremos mirar o céu.

Ainda que sejamos aprendizes de alpinismo, poderemos sentir a presença de Deus mesmo que não toquemos o céu. Em profunda inspiração e silêncio sentiremos realmente o que é possível para o ser humano.

> O espiritual deve, portanto, entrar primeiro, de algum modo, no corpo-alma, mas tão logo isto acontece, ele é envolvido pelo silêncio, o espírito pessoal se oculta no silêncio, e assim permanece à espera do momento em que possa manifestar-se, romper o "invólucro" do psicofísico, as camadas do psicofísico que o cobrem. (*Ibidem*, p. 130)

Será esse silêncio apenas o tempo necessário para tomarmos fôlego para a próxima caminhada? Será possível fazermos reflexões e derreflexões, de tempos em tempos, no decorrer do caminho? Será possível, ao chegarmos no ponto alto da busca, sentirmo-nos em plenitude? Tais conquistas nem sempre são possíveis, entretanto, ocasionalmente, vislumbramos essas possibilidades. A caminhada seguirá no dia seguinte.

Sabemos do ditado oriental que diz: "Não existem caminhos e sim, caminhantes". Parece completo, explicativo, criativo. Esse pensamento pode até nos fazer seres humanos melhores, já que, como caminhantes, seguimos o caminho com os próprios passos. Porém, podemos estar assim, ingenuamente, negando a existência de caminhos a serem seguidos e essa "frase-ideia" pode ser seguida como um caminho que não precisa de caminho, apenas de caminhantes. Em seguida, acrescentamos ao ditado outra ordem com a frase: "Não haverá caminhantes se não houver caminhos". Com isso, cancelaríamos um provérbio com outro ou estaríamos adicionando algo? Há um saber que se resolve na aglutinação dos dois: "mesmo quando não há caminhos, somos caminhantes, e enquanto caminhamos podemos demarcar os caminhos".

Mas, se procuramos caminhos e caminhamos, resta-nos perguntar: para onde vamos? Será que assim estamos buscando o autoconhecimento e a autorrealização até atingirmos a autotranscendência? Não seria a busca de um caminho que já existe? Conseguimos mirar sinais e símbolos do caminho?

O amor, por exemplo, é caminho ou caminhante? Ou ambos? A autotranscendência é o amor ágape, o amor de doação? Será, então, que a verdadeira busca pelo amor-próprio é o passo que precede o amor ágape?

Para Viktor Frankl, na autotranscendência está a essência da existência humana:

> Entregar-se o homem a uma obra a que se dedica, a um homem a quem ama, ou a Deus a quem serve.
>
> (FRANKL, Viktor E. *Psicoterapia e Sentido de Vida*. São Paulo: Quadrante, 1989, p. 45)

É bom se em nosso autodistanciamento de caminhantes nos sentirmos autorrealizados. Podemos fazer nossas reflexões, mas a estrada e o caminho continuam, e seguiremos a trilha da autotranscendência, como nos apontou Frankl: "[...] o espírito pessoal se oculta no silêncio, e assim permanece à espera do momento em que possa manifestar-se..."

Nessa manifestação, nesse romper o "invólucro" do psicofísico, podemos vislumbrar a autotranscendência como o oxigênio que respiramos durante o caminho. Precisamos buscar esse elemento na travessia, para chegarmos cada vez mais próximos à compreensão do que é o sentido da vida. E, enquanto caminhamos, miramos lá na frente e sequer percebemos o ar. Apenas respiramos. Assim, mesmo sem perceber, nos satisfazemos e caminhamos.

> O que se chama autorrealização é, e deve permanecer, o efeito preterintencional da autotranscedência; é prejudicial e também autofrustrante fazê-lo objeto de intenção direta. E o que é verdadeiro para a autorrealização vale também para a identidade e a felicidade. É exatamente a busca ansiosa da felicidade que impede a felicidade.
>
> (FRANKL, Viktor E. *Um Sentido Para a Vida*. São Paulo: Santuário, 1989, p. 41)

Certamente, alguns filósofos caíram no poço sem fundo do niilismo por terem visto o mundo de forma apenas imanente. Provavelmente, por serem tão inteligentes, agarraram-se a essa visão racional e "tão clara" que lhes ofuscou os olhos. Dessa maneira, o homem racional jamais conseguirá, por esse caminho, entender o homem espiritual. Como não consegue explicação para o sofrimento humano, corre o risco de cair num vazio inexplicável e, quanto mais inteligente, menos explicação obterá.

> Tomemos o exemplo de um macaco a que se tenham aplicado injeções dolorosas destinadas à obtenção de um soro. Conseguiria o macaco porventura imaginar por que razão tem que sofrer? Limitado pelo seu mundo circundante, não está em condições de acompanhar as reflexões do homem que submete às suas experiências, pois não lhe é acessível o mundo humano, o mundo do sentido e dos valores. [...] A estrada na dimensão supra-humana, efetivada na fé, funda-se no amor. De per si, é isto coisa sabida. O que talvez seja, contudo, menos sabido, é que há disto uma pré-formação infra-humana. Quem não terá notado já como um cão, ao ter de sofrer uma dor causada no seu interesse, digamos, por um veterinário, levanta os olhos para o dono, todo cheio de confiança? Sem poder saber qual o sentido da dor que lhe provocam, o animal "crê", precisamente na medida em que confia no seu dono e precisamente, aliás, porque o ama.
>
> (FRANKL, Viktor E. *Psicoterapia e Sentido de Vida*. São Paulo: Quadrante, 1989, p. 64)

Quantas bobagens o ser humano comete quando se comporta como super-homem! Quanto desperdício na caminhada evolutiva, quanta arrogância e orgulho desnecessários! Perde-se a humildade de ser quem se é. A palavra "humildade" origina-se de húmus e é exatamente lá, do chão úmido, que brota a flor da espiritualidade e não da inteligência; é dela que floresce a compreensão mais nobre de toda esta existência. Só assim é possível olhar para o infinito e apenas confiar.

O ser humano segue em sua estrada física, emocional, racional e espiritual na busca constante de encontrar o sentido da vida e, por vezes, perde-se nos atalhos do apego, torna-se servo do abandono, sente-se culpado e corre o risco de parar à beira do caminho. Mas a vida sempre o convida a procurar este sentido e, assim, o homem segue pelo mundo feito caminhante em busca de seu sonho e da razão de sua existência. E, lá, no encontro com o amor, pode sempre retornar à sua evolução, ainda que, no último instante, possa captar o sentido da sua missão essencial.

Temos que responder à vida para que ela seja apaziguada. Dessa forma, confirmamos a nossa liberdade, retomamos a vontade mais íntima e a forma de fazermos a melhor reflexão. Procuramos em torno e em nós no futuro, no presente e no passado o sentido da nossa existência. As melhores respostas nem sempre são as mais inteligentes. Encontramos a humanidade mais nobre em nossos sentimentos mais elevados. Aqui encontramos nossa dimensão espiritual. O homem é essencialmente espiritual e, nessa dimensão, faz a verdadeira escolha. Sendo assim, podemos sempre nos ajudar, mesmo nas piores condições. Além da dimensão humana, temos a dimensão noética. Estamos além do psíquico e do físico e somos mais do que aparentamos, podendo dizer que somos mais do que pensamos.

Nenhum mundo interno no sentido físico e externo no sentido social é maior do que a pessoa espiritual que somos.

Meu avô contava a história de um velho boiadeiro que disse aos filhos que no dia de sua morte gostaria de segurar uma vela acesa, para poder fazer a passagem com a luz nas mãos. Mas o seu dia chegou justamente quando estavam numa estrada, na travessia com a boiada, e não havia ali qualquer vela que ele pudesse segurar. No entanto, o filho mais velho, que o acompanhava na viagem, rapidamente pegou uma porção de terra e ajudou o pai a segurá-la, colocou ali um barbante e o acendeu. E aquele velho boiadeiro, nos braços do filho, antes do último suspiro, retrucou: "morrendo e aprendendo".

Não estamos imunes à existência de sofrimento, mas nada impede de sermos capazes de "carregar nossa cruz".

Quem quiser ter certeza de tudo está fadado ao fracasso. Precisamos de tolerância para a incerteza e não o contrário. Tentar fazer a coisa certa e entender os limites de nossa capacidade já é um bom exercício para sermos melhores.

8. Guerra e Paz!

> *Ucrânia, Chernobil, Detroit, Wuhan,*
> *Hiroshima, Nagasaki, Tailândia, Fukushima,*
> *Vietnã, Auschwitz, Sibéria, Brasil...*
> *Peça por peça...*
> *tp*

Em junho de 1986, numa visita à casa de meus pais, sendo aniversário de minha mãe, ela me pediu para que fizesse um poema sobre a paz. Como sempre gostei de escrever alguns versos, e minha mãe era uma grande incentivadora destes feitos, senti-me convocado a fazê-lo, embora não deixei de ressaltar que tal pedido ia contra a essência da arte poética, pois creio que a poesia vem quando quer e jamais quando quero, não possuindo endereço certo. É andarilha e vez ou outra bate na porta da casa da gente.

Confesso que fiquei resmungando comigo mesmo aquela cilada em que me encontrava e remoendo a ideia, não sem certa angústia, daquilo que não queria fazer.

E pensava: "Não quero fazer poema com endereço certo e nem quero falar de paz nesse mundo confuso. Melhor seria falar de guerra".

E o que fazer diante de um desejo tão singelo?

Também pensei: "Se pudesse falar com minha mãe, sem ofendê-la, que não quero falar e nem defender a paz!"

E foi assim que me ocorreu escrever:

Paz!
Nem quero defender a paz,
Nem quero lutar pela paz,
Nem falar da paz.
Quero agora falar da guerra,
Do vizinho com o vizinho,
Da Guerra do dia a dia (quem adia a guerra?).
Falar da guerra que os pássaros,
as crianças, os loucos (de amor),
os débeis, os poucos (se ainda existem),
Não conhecem.
Falar da guerra que conheço,
Ou que mereço (mereço?),
Da guerra interior,
Com os amigos,
Comigo mesmo.
Da Guerra do mundo,
Do Brasil e do Brazil,
Do meu estado, minha cidade,
Da minha casa,
Do meu peito que agora chora.
Quero falar da guerra.
Falar, falar, falir.

Cansar-me de tanto falar de guerra,
Cansar-te de tanto falar de guerra.
Não quero falar da paz.
Quero paz!

Ufa! Feito isso, resolvi em parte o impasse em que me encontrava. Restava saber se ela iria gostar. E ela gostou tanto que enviou o poema para um concurso de poesia na região de São José do Rio Preto, em 1986, considerado o Ano Internacional da Paz. Ele ficou em primeiro lugar, para nossa surpresa e alegria.

Assim resolvi essa pequena batalha!

Falar da guerra até encontrarmos totalmente a paz, será possível? Creio que não! Acredito que não é possível encontrar a paz definitiva nessa dimensão de eterno desassossego em que vivemos. Mas devemos sim falar da guerra até falirmos e, quem sabe, apesar de exaustos, encontremos um pouco de paz.

O que é a paz?

Será possível responder a uma pergunta tão simples?

Será a ausência de guerra?

Por mais simples que possa parecer tal indagação, encontramos tantas respostas e tão variadas que podemos retornar a este conflito interno de todos nós.

Então, urge sabermos o que é a guerra, como surge, por que permanece e se repete.

A guerra é um conflito violento entre homens ou povos; é um conceito muito aberto e uma luta entre grupos grandes.

Atualmente, estamos vivendo uma guerra informacional.

Está acontecendo uma guerra dentro das redes sociais, que existe no campo das ideias, colocando pessoas contra pessoas a partir de uma produção ideológica sem precisar de nenhum tiro. São lutas sem armas, não muito diferentes do período da Guerra Fria.

A guerra parece ser um estado perene do ser humano, que está sempre em guerra com outro ser humano, com o medo, com a escatologia, com a sobrevivência, com o *status quo*.

Será que houve alguma civilização que viveu em paz ou que conseguiu a paz sem fazer a guerra? Creio que não.

O imperialismo, por exemplo, é a produção de uma máquina de guerra incessante, no intuito de defender um estilo de funcionamento social e riqueza de um povo sobrepujando outro povo. O Império Romano, ao expandir, trazia espólios de outros povos, subjugando-os, trazendo à população romana aqueles espólios, num movimento de crescimento imperial, às custas da submissão dos mais frágeis.

Mantendo novos conflitos e novas guerras para estabelecer "paz" e "segurança" dentro de suas próprias fronteiras. E, dentro desses limites, também existe a guerra interna.

Camadas de guerras se expandem em vários níveis, tanto externos, para outros povos, como internos, dentro do próprio país, estado, cidade e, por fim, por que não dizer, a guerra com o vizinho ou dentro da própria casa com o irmão. Se ao chegarmos nessa trajetória, que nos leva até uma reflexão interna, percebermos que a guerra se inicia em cada um de nós, talvez poderíamos estar mais próximos de compreender a paz. Mas seria essa compreensão suficiente para encontrar a paz?

Talvez, tudo isso esteja latente na famosa frase do filósofo Jean-Paul Sartre, quando diz: "o inferno são os outros". Mas também poderíamos refletir sobre o pensamento e questionamento de Krishnamurti, que nos remete ao pensar correto quando diz:

> Para pôr fim à guerra exterior, tendes de pôr fim à guerra que está em vós mesmos. Alguns de vós balançarão a cabeça e dirão: 'de acordo' — depois sairão, para fazer exatamente a mesma coisa que vêm fazendo há dez ou vinte anos. Vosso assentimento é apenas verbal e sem sentido, porque as misérias do mundo e as guerras não acabarão por causa de um assentimento ocasional. Só terão fim quando compreenderdes o perigo, quando compreenderdes vossa responsabilidade, quando não deixardes a tarefa a cargo de outra pessoa. Se compreenderdes o sofrimento, se reconhecerdes a necessidade de ação imediata, inadiável, haveis então de transformar a vós mesmos. Só virá a paz quando fordes pacíficos, quando viverdes em paz com vosso próximo.
>
> (KRISHNAMURTI, Jiddu. *A primeira e última liberdade*. São Paulo: Editora Cultrix, 1968, p. 156)

De fato, estamos mais conscientes com tudo que nos cerca, mas também parece que estamos amarrados nesses tempos em que a violência segue e a humanidade não aprende.

Desatentos e distraídos ou dissimulados, não acordamos. Permanecemos com a consciência obnubilada e não nos damos conta do que acontece ao lado, como se não fosse de nossa alçada.

As causas de conflitos são aparentemente banais, mas também destruidoras.

Mal percebemos sua manifestação em nosso interior, medos e temores, além de nossos inúmeros desejos, inclusive o de poder.

No clássico livro *Viagens de Gulliver*, o autor Jonathan Swift, de forma irônica e descontraída, convoca-nos a refletir sobre as bobagens e a insensatez das guerras, quando cita as miseráveis "razões" do conflito entre Lilipute e Blefuscu:

> Duas grandes potências que, como ia eu dizer, andam empenhadas, há mais de 36 luas, numa guerra "encarniçadíssima", cujo móvel foi o seguinte: reconhece-se universalmente que a maneira primitiva de quebrar os ovos para comê-los consistia em quebrá-los pela ponta mais grossa; mas ao avô de Sua Majestade, quando menino, numa ocasião em que se disponha a comer um ovo e quebrá-lo consoante o hábito antigo, sucedeu-lhe cortar um dedo; pelo que o imperador, seu pai, saiu com um edito em que ordenava a todos os seus súditos, sob grandes penalidades, quebrarem os seus ovos pela ponta mais fina. Ressentiu-se por tanta maneira o povo dessa lei, que, referem as nossas histórias, seis rebeliões estalaram por causa disso; nas quais um imperador perdeu a vida e outro, a coroa.
>
> (SWIFT, Jonathan. *Viagens de Gulliver*. São Paulo: Globo S.A./Círculo do Livro S.A., 1997, p. 43)

Por tão pouco o herói se acovarda e o covarde se sente herói. Por tão pouco as razões se diluem em nada, restando apenas traços de teimosia e ignorância. Estamos quebrando ovos de mil maneiras e não nos damos conta disto.

O ser humano parece uma presa de si mesmo, um animal acovardado e vaidoso, apegado, preso ao medo de perder, a rancores, vinganças e mágoas. Temos ainda que admitir que o ser humano também pode ser um predador irracional e irascível, pior que uma serpente.

Hannah Arendt, por exemplo, cita a morte em vida, que sucedia nos campos de concentração e extermínio na Segunda Guerra Mundial. Ela relata em um de seus livros sobre totalitarismo:

> O verdadeiro horror dos campos de concentração e de extermínio reside no fato de que os internos, mesmo que consigam manter-se vivos, estão mais isolados do mundo dos vivos do que se tivessem morrido, porque o horror compele ao esquecimento. No mundo concentracionário mata-se um homem tão impessoalmente como se mata um mosquito. Uma pessoa pode morrer em decorrência de tortura ou de fome sistemática, ou porque o campo está superpovoado e há necessidade de liquidar o material humano supérfluo.
>
> (ARENDT, Hannah. *Origens do totalitarismo - Antissemitismo, imperialismo, totalitarismo*. São Paulo: Companhia de Bolso, 2019, p. 588)

Ouvir que o horror compele ao esquecimento chega a ser desesperador e desesperançoso, pois como aprenderemos as lições do passado se mergulhamos num sistemático esquecimento? Sem contar que, além do esquecimento, existe a acomodação e o não-percebimento do sofrimento ao nosso redor. Em nossa rotina diária, corremos o risco de não perceber o próximo abandonado, o lixo em nossas ruas, o descuido com nossas crianças e jovens, idosos e doentes, nossa cidade e florestas.

Até parece que já não pertencemos a nós mesmos. Possivelmente, estamos vivendo uma ilusão tão obscura, mas com uma falsa luz nessa "caverna mental" que inventaram para nós ou que inventamos, de tal forma que nem mesmo o filósofo Platão imaginaria tamanho disparate entre o "mito da caverna" e a realidade.

Revendo a história da humanidade, parece ser indiscutível que o ser humano vive num labirinto de guerras em busca de paz. Por vezes, o homem encontra um pouco de paz em seu íntimo, mas mal amanhece o dia e a jornada continua nessa busca.

As causas dos piores conflitos, se vistas de perto, revelam quão triviais eles são, mas principalmente como são destrutivos.

O nascedouro da guerra por vezes tem sido chamado de o "ninho da serpente", e isso nos traz de volta à gênese bíblica com a imagem da serpente, uma criatura enganosa que se arrastou até o homem, colocando-o à prova em sua vontade e, até hoje, ainda provoca o seu coração. Mas o homem pode aceitar ou rejeitar essa condição decadente e demoníaca.

Na incansável busca de alcançar a paz, tropeçamos em guerras de todos os tipos e acabamos por sofrer com uma sensação interna de angústia e vazio existencial.

Creio que se pudéssemos perguntar ao professor Viktor E. Frankl como encontrar a paz, ele que sofreu os horrores da guerra e sobreviveu ao holocausto, possivelmente nos diria que seria mais profícuo e saudável procurarmos o sentido de vida. Acredito que em sua obra ele nos encaminha a encontrar um pouco de paz quando achamos o sentido. E, apesar das dores e sofrimentos que o destino nos prega, vislumbra a possibilidade de encontrarmos o sentido da vida. Apontaria o bom humor, a arte e a fé como um recanto interno em cada um de nós.

Contudo, certamente não deixaria de apontar a realidade vista de cima, naquilo que ele chamava de autodistanciamento como forma de nos reconhecermos enquanto seres únicos e irrepetíveis, como dizia.

Em um de seus muitos livros, *Fundamentos Antropológicos da Psicoterapia*, ele nos brinda com seus escritos:

> Vivemos numa época em que predomina um sentimento difuso de que a vida carece de sentido. Cumpre, portanto, que a educação não se limite a transmitir conhecimentos, mas contribua para o aprimoramento da consciência, de forma que o homem alcance uma sensibilidade suficientemente apurada para captar as exigências inerentes a cada situação. Numa época em que os Dez Mandamentos parecem ter perdido o valor para muita gente, o homem deve estar apto a aprender os Mil Mandamentos que estão inscritos em código nas mil situações que ele enfrenta.
> Quando o indivíduo se tornar atento às situações, a vida volta a ter sentido para ele. E fica imunizado contra as duas sequelas do vazio existencial que são o conformismo e o totalitarismo. Uma consciência "alerta" lhe dá força de resistir, e assim ele nem se

> resigna ao conformismo, nem se curva diante do totalitarismo.
>
> (FRANKL, Viktor E. *Fundamentos Antropológicos da Psicoterapia*. Rio de Janeiro: Zahar, 1978, p. 20)

Cumpre-se destacar que Frankl, por meio da logoterapia (criação sua) e da análise existencial, nos orienta a perceber o ser humano em sua plenitude numa dimensão biopsíquica-socio-espiritual.

A Logoterapia não será um recanto de paz, tampouco um campo de guerra.

Ao acompanharmos o pensamento de Viktor E. Frankl não encontramos necessariamente a paz. Aliás, percebemos a guerra tanto externa quanto interna, o que certamente nos tira um pouco a paz, mas, em contrapartida, nos dá a oportunidade de encontrar e valorizar o sentido em nosso ser e viver mesmo em períodos de sofrimento. Também alerta para não seguirmos qualquer caminho.

Veja, por exemplo:

> [...] os instintos não dizem ao homem o que ele tem de fazer e, diferentemente do passado, o homem de hoje não tem mais a tradição que lhe diga o que deve fazer. Não sabendo o que tem e tampouco o que deve fazer, muitas vezes já não sabe mais o que, no fundo, quer. Assim, só quer o que os outros fazem – conformismo! Ou só faz o que os outros querem que faça – totalitarismo.
>
> (FRANKL, Viktor E. *O sofrimento de uma vida sem sentido: caminhos para encontrar a razão de viver*. Trad, Karleno Bocarro. São Paulo: É Realizações, 1. ed., 2015, p. 11)

A atenção que convém ter com o sentido da vida é um aprendizado com o passado. Mas devemos tomar cuidado com falsas promessas de um futuro em vãs ideologias falaciosas. Buscar sempre com carinho nossas metas certamente dará um pouco mais de trabalho, mas é o processo evolutivo que cada um tem como possível espaço de liberdade e de sagrado.

Infelizmente, muitos se deixam levar por promessas vagas.

Outros, sem rumo, seguem a maioria que também está sem rumo.

Ao percebermos tais fatos, que historicamente se repetem, ficamos mais conscientes e mais solitários.

Convém salientar a importância do filme francês, de Claude Lelouch, *Les uns et les autres* ("Retratos da vida"), de 1981, e o impacto que nos causa positivamente, apesar da dor e angústia. O filme nos leva a uma melhor compreensão dos descasos da guerra, da destruição do ser humano em detrimento de uma coletividade patológica e sem sentido.

No entanto, a vida, como num ensaio de uma orquestra, segue entre perdas e dores, no desespero do encontro ou reencontro. Os personagens humanos de diversas nacionalidades, cada qual com seus desejos e medos, vão desesperadamente tentando traçar um destino que muitas vezes se rompe e quebra, interferindo em outros destinos que se entrelaçam e revelam a importância da individualidade de cada pessoa.

Nesse filme, os protagonistas são as pessoas com seus destinos, sonhos e decepções em confronto com a insensatez das guerras, num enredo que vai nos despindo de carapuças malfadadas. Vamos percebendo o quanto somos frágeis e como é grande o risco de nos perdermos em uma fusão massificada e sem valores que nos cerca.

Percebemos como é difícil para o homem proteger seus valores, seus jovens e suas tradições. A novidade é necessária para renovação da vida, mas as tradições precisam ser respeitadas para serem bases nas mudanças.

O nome do filme, se fosse traduzido ao pé da letra, seria "uns e outros". No Brasil, chamou-se "Retratos da vida". Parecem nomes pertinentes que se somam em retratos de famílias e nações diferentes, numa época dominada por polarização política devido às guerras.

O mundo em guerra e polarizado perde as tradições e também as boas novidades. Quase tudo está destruído, mas a arte, no enredo do filme, reúne pessoas que vivem em países diferentes, mas que falam uma mesma língua: a música. Com "Bolero de Ravel", mantém um fio de união entre as pessoas. Ainda que frágil, resgata esperanças.

Precisamos aprender que os vizinhos, mesmo parecendo tão diferentes de nós, também sofrem, amam e choram. Seus sonhos são semelhantes aos nossos.

Quando a Alemanha nazista se rendeu, após a ofensiva soviética, o general russo Maslow descreveu a cena em que as crianças procuravam os seus pais no meio da cidade em chamas: "O que surpreendia era que choravam exatamente da mesma maneira que choram nossas crianças".

A notícia foi republicada em 8 de maio de 2005, no jornal *Folha de São Paulo*, que discutiu o fim da Segunda Guerra. É um aviso para que não esqueçamos o mal que enfrentamos. Não devemos esquecer que os nossos filhos precisam de proteção e os jovens, de compreensão. E todos nós precisamos compartilhar respeito para dar um passo mais perto da paz.

Frequentemente buscamos aceitação e pertencimento de outra pessoa. Como jovens, somos mais propensos a aceitar grupos errados ou líderes perigosos. É da nossa natureza ter medo ou raiva e, assim, devido a tais sentimentos, colocamos o amor de lado.

Se nos rebelarmos ou submetermos sem sentido, será um caminho trágico e destrutivo. Submeter-se e rebelar-se sem pensar parecem comportamentos opostos, mas, no final, são gêmeos idênticos com personalidades diferentes.

São dois momentos comuns na vida de um jovem que, quando não está pensando por si, nem lançando as bases de seus próprios pensamentos e valores, pode ser facilmente manipulado. Seja com medo ou com raiva.

Infelizmente, isso acontece com pessoas que podem ser maduras, mas, ao contrário, têm queixas e ressentimentos que as impedem de repensar melhor os valores necessários à paz.

Quanto aos valores podemos afirmar que a pessoa traz de seu lar um filtro que pode ser sutil ou grosseiro e vai se ajustando de acordo com cada ambiente social e situação vivida.

Costumam dizer: "Os jovens de hoje não têm mais jeito, é o fim do mundo". Essa é uma frase preconceituosa e não leva a nada. Portanto, é mais fácil entender que o caminho percorrido pelo ser humano, quando jovem, se chama emoção, mas sua busca se chama razão. Precisamos ajudá-los nessa trajetória e, no mínimo, sermos razoáveis em nossa compreensão e se possível estendermos as mãos ou apontarmos o caminho.

A pessoa deve cuidar bem do caminho que segue e seguirá. Mas precisa questionar claramente para onde seguirá tal destino, pois pode ser essa uma boa trilha para os jovens que são criativos, mas também precisam de tradição e compreensão.

> Como pode, o homem, o homem médio de hoje, identificado com os sintomas neuróticos da humanidade atual, para não dizer marcado por eles, como pode o homem de hoje chegar ao extremo de render-se ao pensamento coletivista? Deve-se isto principalmente ao fato de que ele abomina a responsabilidade. Mais uma vez foi com a guerra e, em particular, com as organizações militares, que o homem aprendeu, teve de aprender a deixar-se conduzir e levar, para usarmos expressões empregadas por esses mesmos homens. Invariavelmente era importante não salientar-se de jeito nenhum, antes apagar-se a qualquer preço, diluir-se na massa. E é exatamente o que também hoje, de um modo geral, se quer confundir-se com a massa. Mas o que realmente se faz? Não se confunde com a massa; ao contrário afunda-se nela.
>
> (FRANKL, Viktor E. *Ante El Vacío Existencial*. Barcelona: Herder, 1997, p. 45)

Chegamos até aqui sem paz. Melhor é pensarmos que chegamos até aqui com a paz inquieta de quem busca um sentido maior de vida.

Falamos e não esgotamos quase nada no que tange às guerras.

Será que falimos? Mas para que não fiquemos nesse silêncio vazio, cabe convidarmo-nos a rever pensamentos e sentimentos com empatia frente àqueles que foram vítimas das guerras. Cabe a atenção de que não podemos nos render facilmente a pensamentos fanáticos e protegermo-nos de pensamentos comodistas e conformistas. Cabe a nós escolhermos o caminho a ser percorrido e perceber que somos todos responsáveis por nossas escolhas. Não nos deixar levar por uma massa sem rumo, nem nos deixar levar por qualquer pensamento. Precisamos observar com atenção quem somos e que caminho queremos e podemos seguir.

9. Vontade e Missão!

Sejas tu mesmo na procura,
Não importa o quanto te custas,
Sejas o Sentido que buscas!
Voa e sobrevoa a tua própria altura...
tp

Quando analisamos as definições da vontade como uma força interior que nos impulsiona a alcançar algo e a atingir de forma resoluta os nossos objetivos ou desejos; então podemos incluir a ideia desse poder interior como um dos sinônimos de vontade. Essa força interior é parte intrínseca da nossa condição humana.

Assim, podemos compreender o porquê de os filósofos enxergarem a vontade, hierarquicamente, acima do desejo, pois ele é a necessidade instintiva. Mas a vontade é uma decisão deliberada e um ato de vitória mental sobre o corpo.

A vontade pode ser uma decisão deliberada, um ato de vitória realizado por nossa dimensão espiritual? Podemos crer que sim. Todos nós somos dotados dessa qualidade especial chamada de vontade, em que realizamos muitas das nossas superações.

Força de vontade e fraqueza de vontade parecem ser termos populares, mas poderiam ser substituídas por outra forma de linguagem, pois se a vontade representa força, parece-nos redundância usar termos como esses.

Quando necessitamos de mais vontade podemos pensar no reforço e não mais na força, pois essa já nos pertence. O empenho e esforço na ação da vontade e na busca de propósitos passam a ser nossos objetivos e aspirações.

Decisões e determinações fazem parte da vontade que temos. Reforços e redecisões são necessários quando nos sentirmos enfraquecidos. Mas mantemos a caminhada para que a vida se desenvolva em seu apogeu e possamos explorar nossos talentos.

Nem o aumento exagerado da vontade ou a diminuição dela será considerado normal. A inibição total da vontade, por exemplo, levará à incapacidade de tomar decisões. Quando há um fator clínico sério ou uma depressão endógena, com uma queda nas endorfinas, podemos observar uma queda na "força" de vontade.

Muitas vezes, acreditamos que não temos "força de vontade" suficiente para lidar com os distúrbios psicológicos a que estamos frequentemente sujeitos, e pensamos que essa "fraqueza" é inerente à nossa natureza. Mas sabemos que essa força interior está, em essência, esperando o momento de se desdobrar em busca de retornar à tarefa de nosso viver.

> Fraqueza de vontade por nascimento é coisa que não existe. É verdade que os neuróticos hipostasiam a força de vontade; esta, contudo, não é nada de estático, algo dado de uma vez só, antes é algo que, de certo modo, se apresenta em cada caso como função

de vários fatores, a saber: conhecimento claro dos objetivos, decisão honrada e um certo treino.

(FRANKL, Viktor E. *Psicoterapia e Sentido de Vida*. São Paulo: Quadrante, 1989, p. 131)

Para manter o caminho da vontade, da força e da parte que podemos determinar por nós mesmos, precisamos de treinamento e disciplina. Também precisamos saber para onde estamos e como estamos indo.

Na condição de pessoas conscientes escolhemos etapas da vida que nos façam sentido. Somos caminhantes em busca de trilhas consistentes e podemos deixar as mesmas a serem seguidas.

Precisamos dar liberdade à nossa vontade, assim como precisamos de um espaço interior e íntimo em nossas escolhas.

A vontade de um ser consciente aponta para a busca do sentido da vida.

Mas é totalmente livre tal vontade?

A vontade de encontrar os propósitos da existência é inerente a toda pessoa saudável.

Falamos muito sobre liberdade, mas somos realmente livres?

E qual é a nossa compreensão do que chamamos de liberdade?

A liberdade de ir e vir, de fazer de uma forma ou de outra ou de não fazer nada.

Já sabemos que o ser humano é livre e que sua liberdade é relativa, nunca absoluta, porque ele é liberto para escolher, embora o destino muitas vezes lhe desfaça alguns projetos. Mas isso não anula seus motivos para continuar escolhendo.

Existe uma liberdade nessa escolha que envolve angústia e responsabilidade. Se, para quem acredita que a essência precede a existência, deve-se entender que o ser humano já é pleno em sua essência, mas não o é em seu existir, pois será nessa existência que encontrará a possibilidade de se tornar melhor.

O que o ser humano já é não o impede de querer ser melhor, pois sua essência se eleva com sua existência.

A liberdade precede a escolha. Isso nos faz pensar em escolhas. Isso nos faz pensar sobre a vontade.

Vivemos acompanhados o tempo todo por expectativas, surpresas, desesperanças, resignações e esperanças.

Não há como nos prepararmos e pronto, mesmo assim, seguimos na tentativa de nos preparar a cada passo. Essa é a grande notícia: sempre renascemos e sabemos que jamais estaremos totalmente preparados.

Não estamos imunes à possibilidade de um dia nos depararmos com o sofrimento inevitável e imutável, como uma doença incurável. Seria compreensível, nesse caso, que no início ficássemos relutantes em aceitar tal "destino", mas com a aceitação adequada seria menos difícil alcançarmos a transformação.

Uma não aceitação cega e uma aceitação vazia não levam a nada, sendo bobagem de ambos os lados. Uma parte de nós não quer ouvir sobre o sofrimento, assim, abrigamos a raiva, que vai nos consumir ainda mais; a outra parte também nos destrói, porque ao aceitarmos de forma tão submissa, ficamos presos no medo e na desesperança.

Ao ouvirmos a versão da música "Smile" (Charles Chaplin), tão bem apresentada e interpretada por Djavan, vemos uma certa postura que pode ser tomada diante do sofrimento: "Sorri quando tudo terminar, quando nada mais restar, do teu sonho encantador..."

Seria terrível fortalecer certa vitimização por parte de quem já sofre, seja lá do que for, mas basta acompanhar a história deste poema, sua época, o drama que o mundo passava e a capacidade transformadora do autor, permanecendo na memória de quem viu o casal frágil, inseguro e faminto seguindo pela estrada com um sorriso nos lábios, como se fosse oração de fé e esperança.

"Sorri, quando a dor te torturar. E a saudade atormentar os teus dias tristonhos vazios..."

Por isso precisamos entender o que é inevitável, para evitarmos que a busca de transformação possa ser um disfarce, provocando com isso a tal "negação" dos fatos, tão corriqueira e indesejável para quem sofre. E, no caso do enredo do filme e da letra, não é nenhuma negação ou disfarce, mas uma superação da fome, do desemprego e do sofrimento de uma época.

"Sorri, vai mentindo a sua dor
e ao notar que tu sorris
todo mundo irá supor
que és feliz..."

Essa canção "Smile", da trilha sonora do filme *Tempos Modernos*, de Charles Chaplin, de 1936, não tinha letra. Em 1954, G. Parsons e J. Turner compuseram a letra, que foi gravada por Nat King Cole. No Brasil, Braguinha (João de Barro) fez uma bela versão em português.

Apesar da dor, podemos encontrar uma vontade de superação, com o mínimo de liberdade que nos resta, para acharmos o sentido da vida.

O homem é um ser conscientemente responsável. Nada é mais importante para ele do que a vontade de um dia descobrir o misterioso sentido da vida.

Para nos lançarmos em busca de um sentido temos de ter determinação, que é um recurso nascido da vontade. É essencial ter um objetivo, um único alvo. E isso é possível, pois cada um tem sua própria perspectiva e propósitos. É preciso muita paciência para não perder o fio da meada, a finalidade, que no final das contas nos trará de volta a liberdade.

As concepções existenciais da logoterapia foram construídas por meio de refinada decantação de estudos em psicologia e do desenvolvimento da personalidade, através de reflexões fecundas que apontam para a importância da vontade humana na compreensão e na busca do sentido da vida.

> O conceito do homem segundo a logoterapia está apoiado em três colunas: a liberdade da vontade, a vontade de sentido, e o sentido da vida. A primeira delas, a liberdade da vontade, está em oposição a um princípio que caracteriza a maior parte das abordagens atuais ao homem, a saber, o determinismo. Na

verdade, porém, está em oposição somente ao que costumo chamar pandeterminismo, porque falar em liberdade da vontade não implica, de qualquer maneira, um indeterminismo *a priori*. Afinal, liberdade da vontade significa liberdade da vontade humana, e a vontade humana é a vontade de um ser finito. A liberdade do homem não é estar livre de condições, mas antes estar livre para tomar uma posição em quaisquer condições que porventura o cerquem.

(LUKAS, Elisabeth. *Logoterapia - A força desafiadora do Espírito.* São Paulo: Edições Loyola, 1989, p. 24)

A liberdade é a capacidade que uma pessoa tem para tomar suas próprias decisões, portanto, ser realmente livre implica escolher e ser capaz de fazê-lo. Ser humanamente livre é uma grande conquista que só pode existir por meio da busca do mais alto entendimento, e permanecer livre é estar ciente de cada opção que segue moldando sua própria vida, opondo-se ou escolhendo, criando suas respostas e tomando uma atitude frente à existência.

Mesmo diante do imutável, quando o destino sobrepõe sua força, o ser humano pode responder com uma atitude autônoma, encontrada na capacidade interior de ser livre que, certamente, será conquistada com um pouco de esforço, paciência e sabedoria.

A liberdade da vontade humana está intrinsecamente ligada às nossas escolhas, principalmente no que se refere às preferências profissionais.

Certamente a busca por um emprego traz consigo o desejo de um dia tornar-se missão. Será o dia em que poderemos dizer que, além de amar o que fazemos, também fazemos o que amamos.

O ser humano busca no trabalho um dos significados de sua existência e esse desejo de se sentir útil só poderia ser um dos seus muitos propósitos. Todo ser humano deseja ter um lugar digno para trabalhar e um salário justo para oferecer sua força de trabalho com competência e reconhecimento.

O desequilíbrio social é imenso e infelizmente a submissão pode substituir a missão.

É natural que o ser humano sonhe em ter um nome respeitado na sociedade, em possuir status social, em cumprir uma missão, em adquirir um ego educado para saber ler a história de sua vida e ter uma visão do que é e do que virá para garantir um bom futuro. Isso é necessário e faz parte da vida, move o mundo, mas gera apreensão.

Com relação a intelecto, o mundo está evoluindo rapidamente e a comunicação é o melhor exemplo disso, pois é fácil falar com o outro lado do planeta ou viajar online, deambular pelo mundo sem sair de casa.

A humanidade está no auge da comunicação e no fundo do poço escuro da comunhão; não tem tempo para compartilhar seus sonhos de realização nem para viver uma vida simples. A ordem agora é correr em busca de autonomia e parece que apenas a individualidade é importante.

O planeta tem uma população de bilhões de indivíduos indivisíveis, isolados. Cada um com seu número na carteira de identidade. A individualidade é ótima, mas a solidão parece ser maior e a multidão fica sem rumo.

O homem é um ser excepcional e deveria descobrir sua singularidade. Muitas vezes perde a razão em nome da própria razão e isso não é nada inteligente. É necessário encontrar uma razão maior e um sentido sem ferir a própria lógica.

Parece não haver força suficiente para mudar o mundo na desastrosa trajetória de egoísmo que a humanidade segue. É urgente encontrar o tom e refazer os passos para que possamos comungar a harmonia individual com a comunidade.

O profissional, mesmo aquele que sabe do seu valor, sente-se hoje em dia acuado e sem condições para erguer-se frente ao seu fazer. Concorre com muitos equívocos que o fazem se sentir diminuído em sua missão. Não se congratula perante seu trabalho.

A falta de um emprego pode nos deixar frustrados, mas sabemos que cada um de nós tem uma missão a ser realizada e a faremos de modo particular. Isso ninguém pode nos tirar.

Um caso raro, que serve de exemplo e que devemos relatar: um profissional competente foi submetido a vários exames em uma empresa, para ocupar determinado cargo. Enquanto passava por vários testes e entrevistas e era analisado, também analisava os objetivos "subliminares" da empresa, o comportamento dos diretores e, finalmente, quando lhe disseram que tinham uma boa notícia, a de que ele havia passado no teste, disse, em contrapartida e com firmeza, que infelizmente a empresa não havia passado em seu próprio teste e que ele não aceitava trabalhar naquele local. Certamente, essa pessoa foi trabalhar *a posteriori* em outro local, com uma posição inicial mais simples e com um salário não tão bom quanto o proposto pela firma anterior, mas ficou feliz com a decisão, dando maior sentido ao seu trabalho.

Os desejos nem sempre são realizados, e a vontade mais íntima nem sempre é a de satisfazer os desejos, mas certamente, e muitas vezes, é a de encontrar um significado.

> Não é, por conseguinte, um determinado tipo de profissão o que oferece ao homem a possibilidade de atingir a plenitude. Neste sentido, pode-se dizer que nenhuma profissão faz o homem feliz. E se há muitos, principalmente entre os neuróticos, que afirmam que teriam se realizado plenamente caso tivessem escolhido outra profissão, o que se encerra nessa afirmação é uma deturpação do trabalho profissional ou atitude de quem se engana a si mesmo. Nos casos em que a profissão concreta não traz consigo nenhuma sensação de plena satisfação, a culpa é do homem que a exerce, não da profissão. A profissão, em si, não é ainda suficiente para tornar o homem insubstituível; o que a profissão faz é simplesmente dar-lhe a oportunidade para vir a sê-lo.
>
> (FRANKL, Viktor E. *Psicoterapia e Sentido de Vida*. São Paulo: Quadrante, 1989, p. 160)

A evolução de todos depende da competência própria. Buscar informação, saber as novidades sem medo e, principalmente, observar e acompanhar os que estão um passo à frente, admirando-os e sendo aprendiz, pois todo bom aprendiz pode ser um bom mestre no futuro. Esforçar-se por um crescimento racional, lógico e ético sempre será um bom caminho. A vontade de ser respeitado no trabalho e de evoluir é a aspiração dos vencedores na trajetória profissional.

Às vezes é conveniente não respeitar alguns limites, refazendo novos passos até que se tornem rotinas, fazendo do novo cotidiano da vida uma jornada que vai da luta ao prazer à realização do sonho.

Parece-nos ser esse um caminho da profissão para a missão.

Repensar no verso da frase, que nos orienta a fazer o que gostamos, talvez seja o melhor caminho para a realização de nossa vocação, mas o reverso da frase também pode ser uma boa reflexão, pois podemos pensar que é possível dedicarmo-nos com gosto ao que estamos fazendo, evitando assim aquela lamúria que somente nos atrasa.

Claro que aqui consideramos as tarefas éticas e adequadas às condições humanas normais. Assim sendo, podemos entender que o ofício praticado com carinho e dedicação pode ser transformado em profissão e, mais adiante, em uma missão.

Sentir-se integrado aos rumos do Universo e ser um missionário em seu trabalho é uma dádiva especial. Esses são degraus que todo ser humano íntegro almeja.

Podemos nos orgulhar com a missão que realizamos, por mais simples que possa parecer. Se a missão nascer da alma terna, nosso travesseiro noturno pode acolher bons sonhos.

O trabalho é um sonho a ser realizado e nele podemos externar a honra de nosso dom transformando-o em missão.

> Em particular, o trabalho pode representar o campo em que o caráter de algo único do indivíduo se relaciona com a comunidade, recebendo assim o seu sentido e o seu valor. Contudo, este sentido e valor é

> inerente, em cada caso, à realização (a realização com que se contribui para a comunidade) e não à profissão concreta como tal.
>
> (FRANKL, Viktor E. *Psicoterapia e Sentido de Vida*. São Paulo: Quadrante, 1989, p. 160)

No esforço de uma profissão, quando o homem, ao fazê-lo, o faz com grande zelo, a isto chamam de missão. Mas nem sempre o homem sente que há plenitude em sua vida ou em seu trabalho. Na ausência deste último, o homem sente-se falho e descrê de sua virtude. Sente-se tão descontente, se autodesqualifica e não vê o que está latente, nem consegue antever que a sua real competência está em seu jeito de fazer.

A estrutura necessária que o suor do trabalho nos dá é um dos alicerces que sustentam a vida. É óbvio que devemos nos apoiar em uma missão específica, que cada um de nós deve buscar e estruturar de maneira segura.

Também existem aqueles que se sustentam em bases inseguras.

Há aqueles que se atiram arduamente em qualquer tipo de trabalho, deixando de investigar sua real missão profissional.

Em outras ocasiões ocorre exatamente o oposto: pessoas que fogem das responsabilidades da vida, vivendo muitas vezes na superfície.

O ideal seria um crescimento em todas as situações, a fim de resolver com calma os enigmas da vida e chegar o mais perto possível da realização tão desejada, mas isso pode ser uma grande armadilha, que deixa o desavisado emaranhado nos fios do tempo que tecem a vida, provocando nele angústia e insatisfação.

Uma característica comum nas pessoas é sempre sentir falta de alguma coisa. Quando se completam em algo, sentem-se satisfeitos, mas logo buscam outro objetivo. O ser humano procura a felicidade nos cantos e encantos do mundo: no mundo material, emocional, intelectual e espiritual.

Procura colocar este mundo de maneira completa dentro das áreas da vida: afetiva, familiar, social e profissional. A eterna busca ou característica do ser humano é ser esse incansável buscador. Busca viver a plenitude, a felicidade plena em todas as áreas, mas precisa de serenidade e um pouco do que tem de melhor para encontrar o tempero ideal.

Quando o ser humano perde algo de grande valor para si, seja em qualquer dimensão, empenha-se em recuperar o que foi perdido e, com isso, tenta recuperar exatamente o que perdeu. Por exemplo: se ele deixar de ter prazer ou poder, fica aflito para recuperá-los. Porém, equívocos acontecem com frequência.

Quando alcança o prazer ou o poder, acredita erradamente que alcançou o sentido da vida, mas, se em seguida perde esse mesmo prazer ou poder, exprime-se equivocadamente, dizendo que perdeu o sentido da vida e, dessa forma, não encontra o que busca, tampouco sabe denominar o que perdeu.

Quando se perde o prazer, é na estrada do sentido de viver que reencontra a compreensão de sua existência e sentido de vida, mas a maioria se ilude com a persistência do antigo caminho e não muda o mapa, seguindo pela velha estrada e andando em círculos. Não percebe que será com a nova estrada e a nova maneira de olhar o mundo que reencontrará a antiga paz.

É fundamental que a pessoa saiba que sempre existe um sentido em seu viver, que pode ser buscado e alcançado por ela mesma. Que sua vida tem sempre um sentido, mesmo quando não o via, ele estava ali, em sua essência e em sua vida.

Cabe escolhermos os caminhos com o nosso próprio arbítrio. Está sempre em nossas mãos a oportunidade de cumprirmos a missão principal, que é "ser quem somos", para que possamos melhorar e prosseguir sem interrupções, devolvendo à vida nossa resposta particular.

O sentido da vida é a própria vida. Frankl nos alerta para entender que sempre haverá sentido na vida e além dela, mesmo que muitas vezes não percebamos:

> Cada qual tem sua própria vocação ou missão específica na vida; cada um precisa executar uma tarefa concreta, que está a exigir realização. Nisto a pessoa não pode ser substituída, nem pode sua vida ser repetida. Assim, a tarefa de cada um é tão singular como a sua oportunidade específica de levá-la a cabo.
>
> (FRANKL, Viktor E. *Em Busca de Sentido*. Petrópolis: Sinodal/Vozes, 1999, p. 98)

O vencedor não é só aquele que conquista o mundo, mas também aquele que aceita os limites de si mesmo e do mundo, além das perdas, quando são inevitáveis, não desistindo da caminhada. Só se está perdido quando se perde de si. Nas tarefas mais simples, delineamos nossas lides, nossos trabalhos, até que se transformem em missões. Dessa forma, realizamos o que devemos fazer de maneira adequada e significativa, de forma concreta e com a nossa particularidade.

A confiança nasce do compromisso e empenho com a ação da vontade e a busca de propósitos, que se tornam nossos objetivos e aspirações, mas exigem treinamento, dedicação e determinação.

O desejo de um dia fazer apenas o que amamos pode ser uma ilusão, porque a verdadeira maturidade virá quando entendermos que este dia será pleno quando pudermos amar o que fazemos e fazer o que amamos.

A nossa vontade sempre será a de ir além, com sabedoria. Mas não podemos esquecer do ditado que diz: "não apresse o rio, ele corre sozinho".

10. O vago e o pleno!

Sem saber do vendaval,
Seguíamos aquém do temor,
Em busca de amar além,
Em busca de amar melhor.
tp

A soma do vago e do pleno tem sido para a humanidade uma espécie de respiração. Nesse inspirar e expirar o homem vai vivendo entre a desejada plenitude e o temido vazio existencial.

O ser humano foge do vazio existencial, mas muitas vezes cai no abismo do tédio. Embora possamos ver que os caminhos possuem setas que indicam o que é pleno, e mesmo que haja sinais de alerta sobre os riscos que se avizinham, o indivíduo ainda se perde facilmente.

Entre as setas e alertas que existem, podemos sinalizar que a pessoa se vê na busca de autoconhecimento, autoafirmação e autorrealização.

O autoconhecimento que o homem deseja é tarefa difícil, porém necessária.

A compreensão da existência humana não vem da análise das partes confusas e separadas nas dimensões corporal, emocional e racional, que são lançadas na selva de pedra da dimensão social, mas é na compreensão da totalidade e da concretude da pessoa humana que vislumbramos a possibilidade real de aproximação da plenitude.

O ser humano é o seu próprio e frágil analista.

A fragilidade de pesquisar e analisar a criatura em sua essência se dá porque essa possibilidade somente seria plena se investigasse sua alma. Mas ela ainda não foi encontrada e não tem endereço certo possível para pesquisá-la.

Voltemos a refletir sobre a metáfora do olho: "o olho não se enxerga", em que Frankl nos lembra que somente quando o olho está doente é que ele vê alguma mancha. Se o olho está doente, o olhar também está. Veremos distorções e as confundiremos com a realidade. Não há instrumento para mirar o espírito e nem vista para avistá-lo. Alguns, incansavelmente, procuram pelo "terceiro olho". Alguns desistem por isso; outros desistem por acreditarem somente naquilo que conseguem ver. Alguns tentam medi-lo ou pesá-lo com os mais diversos instrumentos, mas assim como os olhos, se iludem em si mesmos, e percebem que os instrumentos são chaves sem portas ou portas sem chaves.

Todos os instrumentos possíveis foram usados, desde fotografias, eletrodos e até mesmo bisturis. Com o bisturi, o Dr. Penfield já tentou e fracassou. Conseguiu delinear vários aspectos do cérebro humano, mas sequer chegou perto de sua alma. Desenvolveu um desenho anatômico, que foi um grande sucesso, para saber mais sobre neuroanatomia e mapeou regiões cerebrais na busca de entender o Homem. O mapa passou a ser chamado de "homúnculo";

mas, quanto à alma, sequer chegou ao rascunho. O filósofo René Descartes demonstrou grande interesse em estudar a glândula pineal e, por meio de conceitos metafísicos, considerava-a um órgão com funções transcendentes. Mas tudo isso continua no campo da especulação.

O ser humano é certamente o seu próprio anatomista buscando entender as partes para se chegar ao todo. As pesquisas e as obras humanas são de tamanha grandeza que encanta e atrai, o que somente confirma que a pessoa humana é ainda maior do que ela própria consegue ver.

Antropólogos, biólogos e anatomistas têm melhores avanços do que os analistas da psique humana. Eles integrarão bom entendimento quando seguirem numa estrada fora para retornarem ao centro de si mesmos. Mas não sabem como fazer tal integração e se perdem ainda mais.

O Labirinto do homem é o tubo de ensaio de suas pesquisas. A criatura pode pesquisar sobre a própria bioquímica, a neuroanatomia, a fisiologia e até mesmo sua existência social. Pode fazer isso em partes como quem analisa uma árvore, a seiva, as raízes, os frutos, as folhas, a floresta, seu clima, seus habitantes, seu habitat, mas desconhece sua própria "fotossíntese". Pode analisar as estrelas até a borda do infinito, mas haverá sempre outra estrela a descobrir e nomear; pode ver com o seu microscópio o átomo que um dia foi chamado de indivisível. Com tecnologias de balanças precisas pode pesar os átomos e os prótons, elétrons e nêutrons até o dia de pesar os quarks.

Certamente, pode fazer as melhores análises sobre os desejos do ser humano, suas defesas, medos, repressões, negações, entre outros mecanismos de defesas, observáveis na conduta e nas relações interpessoais. Pode deduzir que o inconsciente mais profundo tem o instinto como matéria-prima.

Nas pesquisas da alma humana, vemos analistas do corpo e do comportamento muitas vezes mergulhados em estudos esmiuçados sobre os instintos, mas não conseguem, como pesquisadores, caminhar em direção ao espírito. E se não sabem onde a alma vive, apesar de saberem que vive, cessam qualquer tentativa de se aproximarem de suas margens e pontes, deixando de se aproximarem de seus limites. Mas, por mais que pareça aos analistas estarem presos em uma rua sem saída, ainda podem se iluminar, mesmo que parcialmente, ao refazerem o caminho da análise, ao perceberem que diante da impossibilidade de análises do que não é analisável, nada os impede de, ao desistirem de ser anatomista ou analista da alma humana, se empenharem em ser analistas da existência humana.

Ao analisarmos nossa existência e os bons passos que até aqui a humanidade já realizou, percebemos que o alvo lançado lá na frente nos motiva a seguir melhor na travessia de nossa existência.

Muitos alvos foram exaustivamente estudados e seguidos. O prazer e o poder, por exemplo, já foram seguidos como sendo a finalidade necessária para a completude, mas derrocaram, pois eram os meios e as partes e não o final dessa história toda.

A busca da autorrealização que Abraham Maslow nos brindou é um ponto bom a ser seguido e estudado, porém aprenderemos com Viktor Frankl que se pode e deve ir mais além.

Frankl convoca-nos a responder qual o sentido da vida e assim nos leva a pensar que, para além do autoconhecimento e da autorrealização, podemos continuar em busca da autotranscendência, que é a capacidade de sairmos e esquecermos de nós mesmos, com a tarefa de olharmos para fora em busca de compreender, amar e se doar a algo ou alguém.

> A autotranscendência marca o fato antropológico fundamental de que a existência humana sempre aponta para algo que não é ela própria - aponta para algo ou alguém, ou para um sentido que deve ser preenchido, ou para a existência de outro ser humano que encontra. Ou seja, o ser humano só se torna realmente ser humano e é totalmente ele mesmo onde ele se entrega na dedicação a uma tarefa, no serviço a uma causa ou no amor a uma outra pessoa, deixando de se enxergar e esquecendo-se de si.
>
> (FRANKL, Viktor E. *Teoria e Terapia das Neuroses - Introdução à logoterapia e à análise existencial*. Trad. Claudia Abeling. São Paulo: É Realizações, 1. ed., 2016, p. 16)

A autotranscendência aponta para fora de nós os propósitos que nos elevam. Podemos ver, de forma particularizada, certa hierarquia nessas buscas. Numa linha vertical, podemos imaginar as hierarquias em uma escala de valores que nos foram apontados como caminho pela análise existencial. Pode ser uma espécie de norte para nos manter na procura.

Então vejamos: é indiscutível que o que procuramos frequentemente encontramos; e, se passamos pela autorrealização, perguntamos se será apenas para nossa própria realização. Para quem e com que propósito essa conquista pessoal foi feita? A Logoterapia nos diria que estamos perto de descobrir a autotranscendência.

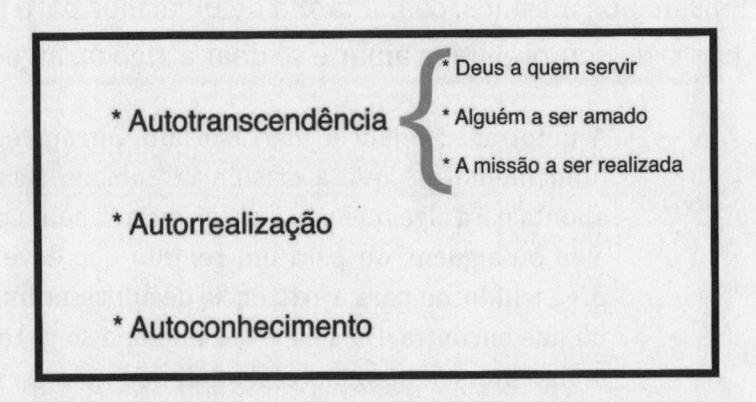

* Autotranscendência { * Deus a quem servir
                      * Alguém a ser amado
                      * A missão a ser realizada

* Autorrealização

* Autoconhecimento

Aquele que crê e sente-se realizado sabe que na análise de sua existência o caminho foi de luta e doação, sobretudo, essa trilha continua apontando para frente e para cima.

A autorrealização em direção à autotranscendência é possível a qualquer ser humano. Aliás, é o que torna o homem mais humano. Mesmo aquele que não crê em Deus não fica de fora, porque a parte que lhe cabe pode ser realizada na doação de sua missão e da pessoa amada. Dizem os místicos que o que ele não vê continua vendo-o.

* Deus a quem servir

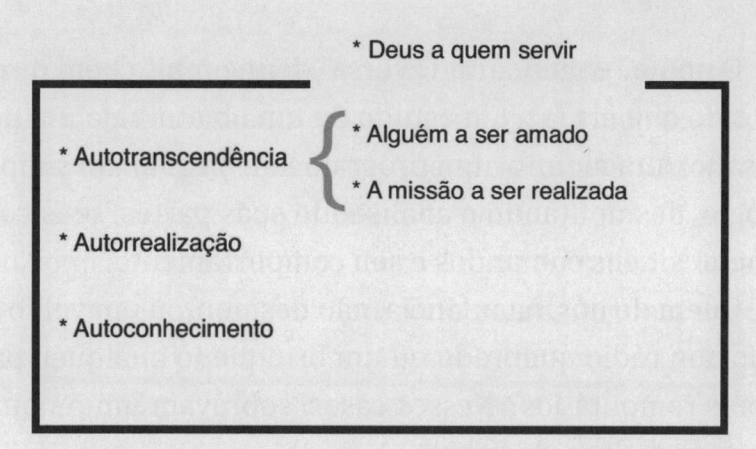

* Autotranscendência { * Alguém a ser amado
                        * A missão a ser realizada

* Autorrealização

* Autoconhecimento

Aqueles que veem na outra pessoa as possibilidades de verdadeiras realizações são capazes de ver em aberto todas as possibilidades da autotranscendência.

Devemos nos vigiar, mas sempre há um Vigia a nos proteger – diria aquele que crê.

A autotranscendência, assim como a felicidade, tem sido estudada com afinco por muitos pensadores.

Entre o vazio e o pleno, a felicidade e o tédio, alguns não conseguem explicar quais caminhos seguir nessa busca e quais são os perigos a evitar. Mas a maioria segue como heróis desconhecidos.

Não devemos confundir autorrealização com autotranscendência, prazer e poder com felicidade, e felicidade com contentamento.

Com humildade e perseverança podemos rever nossos métodos de pesquisa.

Não somos máquinas quebradas nem engenheiros de nós mesmos. Mas convém rever velhos pensamentos e refazer os passos nessa caminhada para não cairmos no abismo do tédio.

O nome "engenharia reversa" define muito bem o conceito do que ela faz. É o estudo de um objeto: seja um processador, um monitor, um programa ou mesmo um simples relógio, desmontando e analisando suas partes, seus componentes, seus comandos e seu comportamento.

Quem de nós, na infância, não desmontou um velho relógio, um rádio quebrado ou um brinquedo qualquer, para depois remontá-los? Nesses casos, sobravam um ou outro parafuso do lado de fora.

Refazendo os passos ao contrário do que foi realizado, podemos investigar quais foram os passos dados. Se seguirmos os passos das pessoas que consideramos felizes, poderemos descobrir como foi conduzida a felicidade conquistada, até revelarmos cada passo. Mas se alguma coisa ficar de fora nessa engenharia, refazemos os passos, pois pode ser que o que falta seja o que sobra e vice-versa.

Por exemplo: se mirarmos pessoas mesquinhas, apegadas e sovinas, veremos o quanto são infelizes e perceberemos que nada lhes falta. Mas vivem como se lhes faltasse tudo. E o contrário é verdadeiro, pois quando observamos pessoas que são generosas e doam o que têm, nunca lhes falta nada. Ao ouvirmos a música "Esquinas", do cantor e poeta Djavan, podemos fazer uma rica reflexão quando ele diz:

"Sabe lá,
O que é não ter
E ter que ter pra dar..."

Se pudéssemos rever o que é de fato a felicidade, provavelmente um dicionário seria insuficiente para revelá-la.

Ao pesquisarmos por definições de felicidade, encontraremos sinônimos para sucesso, contentamento e alegria. Em outros casos, ouvimos que a felicidade é a qualidade ou estado de uma consciência totalmente satisfeita. A satisfação e o bem-estar também aparecem com frequência nessas definições.

Na etimologia da palavra felicidade sabemos que seu significado é de contentamento e alegria, mas também encontramos outros significados, como por exemplo o de "produzir" com a conotação de "fecundo, produtivo".

Fértil e produtivo parecem apropriados para explicar melhor. Comumente a palavra felicidade é citada, mas descobrimos que, geralmente, refere-se a algo que satisfaz o ser e raramente é associada a alguma coisa que se faz como frutífero, produtivo e como resultado de suas realizações. Raras vezes ouvimos falar de felicidade com essas conotações finais. Nesses passos reversos podemos descartá-la como simples satisfação.

Até mesmo quando comparamos a história daqueles que padecem de transtornos de angústia ou ansiedade, encontramos queixas de muitas insatisfações, mas, com maior precisão na observação, podemos perceber que a maioria, embora triste e insatisfeita, não mudaria suas biografias e histórias, porque apesar dos sofrimentos, estão felizes com quem são, com os seus feitos, com os seus familiares e amigos etc.

Eles sempre reclamam de não se sentirem realizados, mas muitas vezes há algo que eles têm a oferecer e, por isso, querem melhorar, desejando exercer a autotranscendência.

Frankl, com sua compreensão e sabedoria, nos orienta:

> — Ser homem significa, já de per si, ser para além de si mesmo. A essência da existência humana, diria eu, radica na sua autotranscendência. Ser homem significa, de per si e sempre, dirigir-se e ordenar-se a algo ou alguém: entregar-se o homem a uma obra que se dedica, a um homem que ama, ou a Deus a quem serve.
>
> (FRANKL, Viktor E. *Psicoterapia e Sentido de Vida*. São Paulo: Quadrante, 1989, p. 45)

Dessa forma, podemos concluir que a felicidade não é um estado de satisfação, mas uma condição de ser. Podemos ver que as pessoas podem estar tristes ou alegres, contentes ou insatisfeitas, mas isso definitivamente pode ser separado da palavra e da ideia do que significa ser feliz.

Note que a maioria diz: sou uma pessoa feliz, mas estou triste. Quando ouvimos alguém dizer que está infeliz, podemos ajudá-lo a desfazer esse equívoco perguntando se ele é infeliz. Normalmente ouviremos dele que não é infeliz, mas está infeliz.

Quando a consciência for renovada, aqueles que usam a armadilha das palavras, e não veem chances de mudanças, podem aproveitar as oportunidades para melhorar. A mesma pessoa que está triste pode conseguir abrir espaço para si mesma, mas agora como alguém que é feliz. Sua própria felicidade será a razão de sua superação.

Quando dizem que a felicidade não existe fora, mas dentro de nós, mostram uma grande sabedoria. O problema é quando buscamos o prazer e o poder como se a felicidade dependesse disso para existir. Se assim pensarmos e agirmos, ficaremos vazios, porque é no sentido, na razão e no propósito da busca que encontramos a felicidade.

Viktor Frankl afirmava:

> [...] o ser humano não é alguém em busca da felicidade, mas sim alguém em busca de uma razão para ser feliz.
>
> (FRANKL, Viktor E. *Em Busca de Sentido.* Petrópolis: Sinodal/Vozes, 1999, p. 119)

No cumprimento das razões de nosso viver, geralmente vamos encontrando o sentido da vida. É então possível encontrar a felicidade, mesmo sem entender como, já que estamos ocupados olhando para fora, onde residem as razões de nossas vidas.

Portanto, não faremos mais perguntas, mas daremos as respostas. Paramos com preocupações e análises intermináveis de como seremos felizes. No lugar desse tempo, há espaço para nos ocuparmos com o outro, ou com a nossa missão, ou com o nosso caminho e nossa possível autotranscendência. Assim, estaremos com a felicidade andando ao nosso lado.

Tratamos bem da satisfação e da alegria, mas não as confundimos mais com a felicidade. Miramos nos valores e no sentido contido na vida para desvendá-los. Entendemos que, em síntese, podemos nos sentir satisfeitos ou insatisfeitos, mas, se somos felizes, continuaremos sendo felizes. Sentimos que, em nossas buscas, possivelmente encontramos condições de desfrutarmos o êxito da autotranscendência.

Até agora entendemos que tudo isso é mais que um simples bem-estar, pois parece que vive em outra dimensão: a dimensão noética. E é nessa dimensão que as pessoas encontram capacidade de transcenderem a si mesmas em direção a outro ser humano, num fenômeno que Frankl chama de autotranscendência.

> O que se chama autorrealização é, e deve permanecer, o efeito preterintencional da autotranscendência; é prejudicial e também autofrustrante fazê-lo objeto de intenção direta. E o que é verdadeiro para a autorrealização vale também para a identidade e a felicidade. É exatamente a busca ansiosa da felicidade que impede a felicidade.
>
> (FRANKL, Viktor E. *Um Sentido Para a Vida*. São Paulo: Santuário, 1989, p. 41)

Quando o ser humano se encontra centrado e consciente, parece não buscar a felicidade, pois já convive com ela. Talvez, e apesar dos reveses da vida, sente-se feliz em apenas ser.

Sempre há tempo para ser feliz. Porém, nem o tempo nem as condições vão atrapalhar essa busca, porque quem não sabe o que significa ser feliz pode até estar perdendo o momento certo para isso.

Muitas vezes chega a hora de saber que é possível ser feliz ao descobrirmos em nós o sentido do amor, do trabalho, da vida, que sempre esteve nos aguardando.

O escritor e palestrante Marcos Piangers escreveu o livro cujo título é *Papai é Pop*.[2] O conteúdo desse livro revela-nos, de forma surpreendente e agradável, a chance de podermos amar a nossa missão. Alguém que nunca soube o que é a paternidade, pois sequer conheceu seu genitor, como relata o próprio autor, redescobre a felicidade justamente ao se transformar em pai. A paternidade passa a ser a missão que lhe abre portas para outros propósitos, inclusive o de ser escritor.

Isso não é tão raro, mas é sempre maravilhoso!

Muitas vezes, o tempo da descoberta de que é possível ser feliz vem por intermédio daquilo que Viktor Frankl chama de autotranscendência.

Podemos citar tantos outros casos semelhantes e marcantes.

Não podemos deixar de ler o livro *A Cor do Anjo da Guarda*, de Cassiano Antico, que não só reforça a descoberta de um escritor, pois ele já escreveu outros livros, o que sempre nos provoca reflexões e agora nos revela, à luz da paternidade, o quanto o dom do nosso viver reside nas tarefas do cotidiano e quanto esses detalhes dão mais sentido à vida. Logo no início do livro começamos a descobrir a cor do anjo da guarda e a nos perguntar:

> O QUE É SER PAI?
> Sempre fui o filho, o neto, o afilhado, o protegido, o que está acostumado a receber. E, como sintoma do

---

[2] PIANGERS, Marcos. *O papai é pop.* Caxias do Sul: Editora Belas Letras, 2015. O autor faz excelentes palestras com o mesmo título, pelo canal do YouTube.

nosso tempo, sempre estou com a cabeça no futuro ou no passado. Quase nunca no presente...

[...] Aprendi a trocar fraldas, limpar bundas que não a minha. Aprendi que o mundo não gira ao redor do meu umbigo. Talvez essa tenha sido a maior descoberta... Paternidade é um estar presente esquecendo de si. Não é segurar água nas mãos, é senti-la escorrer pelos dedos. E ter a certeza de nossa finitude. É oração. É poesia. É sacrifício. É dar a vida pelos filhos sem pestanejar, sem receber nada em troca, e, muitas vezes, sem reconhecimento. Pai não é promovido. É ter como núcleo a doação.

(ANTICO, Cassiano. *A cor do anjo da guarda*. São Paulo: Vento Leste, 2020, p. 11-12)

Se a felicidade não nos deixa o endereço e às vezes exige nossa visita, isso não nos impede de procurá-la com atenção.

Não estamos livres das circunstâncias que podem nos surpreender ou nos convocar, embora tenhamos que nos submeter a certas condições. Mas nada nos deterá no meio do caminho, basta buscarmos em nós quem queremos ser.

De qualquer forma, não há mal nenhum em ficarmos atentos e, quando muita luz atingir nossa casa, estaremos convocados e prontos para abrir a porta. A decisão é nossa. E são essas decisões que moldam nossas vidas.

Nós, humanos, podemos melhorar à medida que lutamos por nossa identidade e propósito. Os exemplos acima servem como uma bússola para não apenas nos tornarmos melhores pais, mas também filhos, amigos e pessoas melhores.

A arte de ser pai se mesclou com a arte de ser escritor. Isso nos leva a pensar em muitos artistas que se revelaram com o amor, outros tantos com a dor. Mas, se a essência for a busca de ser a pessoa que se é, e de ir ao encontro de si, as chances para ser feliz são bem mais prováveis.

Os escritores acima se surpreenderam com quem eles eram. Como se a luz de suas filhas houvesse despertado neles a aurora da paternidade. Mas sabemos que tal luminescência sempre esteve neles.

Vale também sinalizar a história da Sra. A, pois mesmo que por um outro viés, também se encontrou consigo mesma ou, melhor, se reencontrou.

A senhora, com 77 anos de idade, viúva, veio ao consultório em setembro de 2001, queixando-se de que, pela primeira vez, talvez estivesse com sintomas de depressão, pois as menores coisas estavam ficando difíceis de serem realizadas. Desde o falecimento de seu marido, há 10 meses, vinha apresentando tais sintomas. Referia também que escrevia diariamente cartas para o seu falecido marido numa espécie de diário como forma de desabafar. Diz terem sido muito felizes. Mostra-me seu diário e suas cartas e faz questão de que sejam lidos alguns textos das cartas. Eram escritas de forma bastante emotiva e presente como se de fato seu companheiro as fosse receber no mesmo dia. Ficava triste com a espera da resposta da outra parte. As cartas e textos traziam em seu âmago certos traços depressivos e pessimistas com a não aceitação da saudade. Revelava não suportar a ausência dele. Queixava-se muito da ausência do companheiro, mas, sobretudo, eram textos escritos intercalados por um ritmo poético, sutil e delicado e, em outros momentos, impactantes e lamentativos.

Foi um bom encontro, mas em um dado momento sugeri que, além dos textos em prosa, ela os escrevesse em forma de poemas. Disse-me que poderia tentar, mas acreditava não possuir este dom. Voltamos aos textos, mas com a convicção de que ali havia fragmentos de criatividade poética que ela não se dava conta. Falamos também sobre valores criativos e de atitude. A partir daí fizemos uma proposta a fim de buscar uma nova forma de escrever usando as metáforas e explorando a dialética poética dos textos. Encerramos e marcamos o outro encontro.

Antes do próximo encontro recebi da Sra. A uma carta que dizia:

"Nossa conversa no dia 21 foi como uma janela que se abriu deixando entrar luz e ar fresco em quarto fechado. Alertou-me para, realmente, lutar para recuperar o sentido da vida e do amor que estão ainda enevoados pela dor. Sei que esta janela não ficará permanentemente aberta. Há de ter ocasiões que se fechará novamente, mas sempre haverá um amanhã e uma nova manhã fresca e luminosa. Valeu o desafio para eu brincar com as palavras. Fiquei contente e descobri que sou capaz de escrever poemas, pois facilita expor o que sinto:

Névoa
A ausência
tirou o brilho

deixando cinzento
rodear o mundo.
 O tempo mansamente
afastou véu.
A luz do amor que
escondida esperava
fez presente
e devolveu as cores."

Outras cartas e poemas se seguiram. O desânimo e as lamentações deram lugar à saudade e ao ânimo, que lhe devolveu as cores da vida que sempre possuiu. Além de uma paciente, ganhei uma amiga. Mesmo assim, e por isso, mantivemos os princípios da logoterapia. Dessa forma, foi possível perceber que é sempre de forma indireta a busca pelo propósito da vida.

> Se o homem é, fundamentalmente, um ser em busca de sentido, e nesta busca tornar-se produtivo, então alcança também a felicidade - e o sentido, pois, tal como se evidencia, que lhe dá o motivo para "ser-feliz"! Mas atenção: manter sempre o sentido não só faz feliz o homem, mas o torna também apto a suportar o sofrimento, e convencer-vos-ei disso quando escutardes os que um dia estiveram detidos nos campos de concentração e de prisioneiros de guerra entre Auschwitz e Stalingrado: *ceteris paribus*, as chances de sobrevivência dependiam da orientação voltada para um sentido, de que haveria na consciência do preso algo ou alguém lá fora, e no futuro, à espera do dia da sua liberdade.
>
> (FRANKL, Viktor E. *O Sofrimento Humano – Fundamentos Antropológicos da Psicoterapia.* São Paulo: É Realizações, 2019, p. 87)

A busca da felicidade não se realiza quando procuramos alegria, paz ou harmonia, porque são objetivos indiretos. No entanto, após algum tempo, passamos a perceber que os propósitos e as razões, que antes eram tarefas, tornaram-se o sentido e a própria felicidade. Passamos a ter responsabilidade com o que de fato a felicidade representa ou o mínimo representou em nossa vida.

> A minha liberdade de ser assim eu apreendo na autorreflexão; a minha liberdade de tornar-me outro, eu a compreendo na autodeterminação. A autorreflexão resulta do imperativo délfico "conhece-te a ti mesmo"; a autodeterminação se desenvolve conforme a fórmula de Píndaro: "Torna-te o que tu és!"
> (FRANKL, Viktor E. *Fundamentos Antropológicos de Psicologia*. Universidade de Viena: Zahar, 1975, p. 162)

A Sra. A pôde perceber que havia se esquecido de como era o seu viver. Mas pôde se reconhecer e aceitar a saudade sem deixar de ser quem era.

Nem sempre será fácil, mas a busca da felicidade começa na procura de quem somos e se conclui no encontro do que ou de quem amamos.

11. Medos e Medos!

O medo que menos tenho é o medo de ter medo!
Este não me pertence e nem quero possuí-lo.
Ficarei somente com um:
Medo que tenho eu,
Medo que você tem,
Medo de qualquer um!
tp

No desenvolvimento da pessoa humana, o carinho, o apreço e o apoio são tão fundamentais como o ar, a água e a alimentação. Porém, nos deparamos com o oposto de tudo isso, levando muitas pessoas a terem distúrbios marcantes que geram medos excessivos. Vemos que o medo da morte, da solidão ou da loucura, bem como a sensação de se sentir desamparado, não amado ou desvalorizado, em todos os momentos passam a ser a regra e não a exceção.

Quando nos deparamos com alguém que sofre excessivamente com o medo de morrer, podemos questionar e antever a possibilidade de que tenha ocorrido um evento de separação tão forte em sua infância, que nele se enraizou tal temor.

O medo do abandono pode trazer sentimentos equivocados, como se houvesse um destino marcado pela solidão.

Eventos repetidos, que deixaram cicatrizes de um amor-próprio ferido, podem nos levar a um sentimento infinito de que não valemos nada.

Sabemos que o medo existe como forma de proteção, despertando cautela e auxiliando, quando necessário, em uma possível fuga. O problema é o exagero, o excesso, a pressa, o perfeccionismo, que são perigosos e parecem ser pragas socialmente nutridas em todas as esferas do cotidiano, confundindo a todos.

O medo é bom quando se apresenta como uma precaução diante de ameaças reais, e é ruim quando continua gerando um confronto extremamente desagradável diante de uma ameaça irreal e injustificada. É terrível quando permanece e gera uma esquiva intensa diante de uma ameaça irreal, tornando-se uma fobia com intensas fugas sem sentido.

O medo às vezes parece ser pai da ansiedade, outras vezes, o filho dela. Mas, no final, percebemos que são irmãos. O medo de sofrer de ansiedade em um mundo ansioso é um ingrediente que gera mais ansiedade, aumentando assim o risco de transtornos.

Como já enfatizamos, a ansiedade é uma característica psicológica e biológica normal, que aparece em momentos em que há perigo ou ameaça, gerando manifestações físicas comumente desagradáveis, que estão interligadas às respostas fisiológicas, como a luta ou a fuga necessária quando o ser humano precisa se proteger.

A ansiedade está ligada aos pensamentos e às incertezas sobre o que está por vir. Por isso, a pessoa com ansiedade, normalmente, pode apresentar aquelas já mencionadas sensações de palpitação, suor, mãos úmidas, boca seca, tremores, tensão muscular, dificuldades para relaxar, entre outras. São sintomas físicos quase sempre chatos, mas que, dependendo da circunstância, podem ser um alerta para que o indivíduo se proteja, garantindo a sua segurança.

É necessário refletir um pouco sobre a normalidade da ansiedade e do medo, a fim de buscar uma compreensão diferenciada do diagnóstico, evitando conclusões e tratamentos precipitados. Não devemos nos apressar nem demorar para pedir ajuda. Em tempo hábil, evitamos uma extensão de sofrimentos desnecessários.

Não é viável mudar o que passou, mas com um mínimo de atenção ao momento presente, perceberemos erros que cometemos quase como se fossem vícios de comportamento e conduta.

Os erros cognitivos são deduções repetitivas erradas e precipitadas, nascidas de velhas crenças negativas. As conclusões tiradas acumulam-se no dia a dia de quem não se corrige, confirmando as velhas crenças. Por exemplo: uma pessoa que pensa não merecer ser amada culpa ainda mais a outra pessoa e sente-se incompreendida por ela, ou culpa o destino e a má sorte ao seu redor.

Pensamentos equivocados persistem como um vício comportamental a tal ponto que, muitas vezes, ouvimos os pacientes dizerem que são assim e que não são capazes de mudar: "Sou muito perfeccionista"; "Sou estressado e ansioso"; "Sempre fui mal-humorado"; "Sou muito inseguro".

Temer o que virá devido às deduções que fazemos equivocadamente não muda o futuro, mas piora o presente. O medo de ter medo é uma fobia de ter fobia: a fobofobia. É nascida da ansiedade antecipatória e essa antecipação de um futuro mais tenebroso duplica a fobia e não a resolve, nem mesmo a alivia.

Tolerar um mundo incerto sem se acomodar não é tarefa fácil. Mas, se pudéssemos ao menos aliviar um dos medos, já que é o medo do medo que piora a situação, daria um bom resultado.

Caímos na armadilha dos erros cognitivos quando tiramos conclusões precipitadas, generalizando tudo em pensamentos catastróficos, tomando como verdade qualquer fragmento da realidade, sem questionar de forma mais sensata e coerente o que aconteceu. E, dado que tudo parece assustador e nada podemos fazer para mudar um futuro que parece trágico aos nossos olhos distorcidos por erros cognitivos, e quando vemos o mundo tão complexo e sem saída pelo mesmo motivo anterior, passamos a retroalimentar os problemas com mais problemas, acreditando nesses fantasmas. Assim, teremos em nossa frente o abismo da desistência, pois perdemos a crença de que somos capazes de enfrentamento e superação.

Para isso, necessitamos de um bom diagnóstico e um bom vínculo com quem padece desses fenômenos. Com isso, podemos usar a técnica da "intenção paradoxal". Frankl desenvolveu e aplicou essa técnica, que tem ótimos resultados. É um método prático e eficaz usado pela Logoterapia e pela Terapia Cognitiva.

> Viktor Frankl (1939, 1947, 1955, 1975), que foi o primeiro a começar a explorar a intenção paradoxal em 1925, em conexão com sua prática clínica

em Viena, esteve interessado principalmente no papel da ansiedade antecipatória para produzir e aumentar uma variedade de transtornos comportamentais. Empregando um procedimento que denominou "intenção paradoxal", sugeriu que os indivíduos buscam ativamente o mesmo comportamento do qual desejam desprender-se. Sendo assim, uma pessoa que ficava em casa temendo possível ataque cardíaco deveria ser incentivada a viajar para longe de casa, que aumentasse o ritmo cardíaco e que provocasse um ataque cardíaco.

(CABALLO, Vicente E. *Manual de Técnicas de Terapia e Modificação do Comportamento*. São Paulo: Santos Livraria, 1. reimp., 1999, p. 226)

Sem dúvida, a Terapia Cognitivo-Comportamental soube usar e incorporar a "intenção paradoxal" em seu desenvolvimento e nos levou a esmiuçar os meandros da permanência dos pensamentos automáticos negativos, que estão enraizados nas crenças negativas estabelecidas no início do desenvolvimento de nossa personalidade.

Certamente, tudo isso parece sem saída, como uma espécie de prisão perpétua. Mas, justamente na busca inicial de aceitação, depois de compreensão e, finalmente, de autocompreensão, é que encontramos as chaves desses enigmas.

Somos capazes de resumir tais equívocos em duas partes: as crenças negativas que deixamos crescer dentro e fora de nós.

Nas neuroses fóbicas, o paciente se vê enredado em medos sem fim e assustado com as incertezas do futuro, sofrendo antecipadamente com temores e ansiedade. Teme que algo ruim lhe acontecerá. Possui o medo do medo ou tem a ansiedade da ansiedade. Não se sente capaz de controlar o mundo exterior.

A logoterapia aplica técnicas de Intenção Paradoxal e Derreflexão para fornecer excelentes resultados no combate a fobias e transtornos obsessivos. As técnicas são objetivas, mas requerem certa criatividade e coesão com o paciente, além do entendimento do que são o autodistanciamento e a autotranscendência. Estas são habilidades verdadeiramente humanas, que podem nos ajudar a combater tais transtornos. Logo veremos como funcionam.

Os terapeutas sabem ajudar aquele que vive com a ansiedade antecipatória. Ao perceberem o dilema daquele que sofre pelo prisma deste, podem então usar tais técnicas.

Pede-se à pessoa que sofre de fobofobia ou de ansiedade antecipatória que busque ativamente o comportamento do qual deseja desprender-se.

> O homem é um ser capaz de refletir sobre si próprio e, até mesmo, de rejeitar-se. Ele pode ser seu próprio juiz, o juiz de suas próprias ações. Em suma, os fenômenos especificamente humanos ligados entre si – autoconsciência e consciência – só são compreensíveis na medida em que interpretamos o homem como um ser capaz de distanciar-se de si mesmo, deixando o "plano" do biológico e do psicológico e atravessando o 'espaço' do noológico.
>
> (FRANKL, Viktor E. *Psicoterapia e Existencialismo - textos selecionados em logoterapia*. Trad. Ivo Studart Pereira; revisão técnica Heloísa Reis Marino. São Paulo: É Realizações, 1. ed., 2020, p. 23)

Ao paciente é oferecida a orientação para distanciar-se de si por meio do autodistanciamento, que é de sua natureza, já que é capacidade e característica de todo ser humano. Assim sendo, ao se enxergar como se estivesse distante de si, perceberá os exageros do medo do medo e poderá rir de si mesmo. Estará apto para perceber-se com a melhor compreensão possível de si e do mundo, e será capaz de redescobrir-se em sua capacidade de superação. A isso chamamos de autodistanciamento.

Vou relatar aqui o caso de um paciente que padecia de medos impiedosos, que o impediam de ter uma vida normal em seu dia a dia. É um homem de cinquenta e poucos anos que sofre desde a adolescência de temores relacionados ao convívio em sociedade. Ele não sai a pé, pois sente que não vai conseguir andar, apresentando sintomas físicos como: tontura, palpitações, sudorese. O pavor é tão intenso que ele abdica de muitas oportunidades, enclausurando-se em seu lar.

Disse a ele o seguinte: "Se tiver que desmaiar, desmaie; se apresentar taquicardia, que exploda tudo; se sentir tontura, que tudo rode e acabe tudo então".

O paciente adotou tal sistema e percebeu que nada de mais grave acontecia, aos poucos foi descobrindo que tais sentimentos eram infundados e, dentro do seu tempo, vem apresentando progressos em seus enfrentamentos.

Autodistanciamento é a habilidade humana de se distanciar não apenas de si mesmo, mas também do mundo. É possível, em quaisquer circunstâncias, pensar em si mesmo e rir de si mesmo ou até se rejeitar.

> Um medo realista como medo da morte não pode ser amenizado nem eliminado por sua interpretação psicodinâmica; de outro lado, o medo neurótico como a agorafobia não pode ser curado pela compreensão filosófica. Entretanto, a logoterapia desenvolveu uma técnica especial para lidar também com estes casos. Para entender o que ocorre ao se aplicar esta técnica, tomamos como ponto de partida uma condição frequentemente encontrada em indivíduos neuróticos, qual seja, ansiedade antecipatória. Característico deste temor é que ele produz exatamente aquilo que o paciente teme. Assim, por exemplo, um indivíduo que está com medo de enrubescer ao entrar no salão e enfrentar muitas pessoas de fato estará mais propenso a enrubescer sob tais circunstâncias. Neste contexto poder-se-ia transpor o ditado "o desejo é o pai do pensamento" para "a angústia é a mãe do evento".
>
> (FRANKL, Viktor E. *Em Busca de Sentido*. Petrópolis: Sinodal/Vozes, 1999, p. 107)

Além do medo de enrubescer, muitos outros medos infundados podem ser vistos de cima com a técnica da intenção paradoxal e, claro, com o auxílio do autodistanciamento. Desse modo, a fobia e a ansiedade antecipatória não serão mais duplicadas. Isso tem sido usado, com excelentes resultados, em vários sintomas de tais distúrbios, facilitando o caminho da cura.

Vimos diversas vezes que o medo de não conseguir dormir aumenta o medo e passa a ser um ingrediente para não dormir. Para tratar a insônia devemos avaliar os fatores predisponentes e seus tratamentos, além de remover as barreiras, se possível. Cuidar do ambiente como um todo: dos sons, da alimentação, buscar a redução da ansiedade e do estresse, além de solucionar eventuais problemas sociofamiliares, conjugais, profissionais, entre outros.

Sabemos que, mesmo assim, não havendo causas que impedem de ter o sono adequado, alguns pacientes não conseguem dormir e revelam o imperativo "tenho que dormir". Muitas vezes, percebemos que diversas queixas de insônia são acompanhadas desse imperativo ditatorial, como um desejo antecipado vindo junto ao medo, também antecipado, prejudicando quem tanto sofre. Não percebem que assim somente piora o quadro.

Certa vez, tive o privilégio de compartilhar uns versos que fiz com uma pessoa que se queixava de insônia e obtivemos um bom resultado *a posteriori*, pois com a reflexão dos versos, ele confiou em aplicar a técnica da intenção paradoxal com excelente resultado. Seguem os versos:

> Era tanta vontade de sonhar,
> Que não conseguia dormir.
> E para não falar sozinho,
> Escrevia, escrevia...
> Até ficar farto
> E o quarto repleto de poesia.
> Depois quando via,
> Não via,
> Dormia...

Rimos dos versos, pois nos pareceu hilário. Como pode alguém querer tanto sonhar e não conseguir dormir? Nesse caso, foi necessário dar as orientações para uma melhor higiene do sono. Porém, após termos retirado as barreiras, o paciente continuou sofrendo com o medo de não conseguir dormir. Foi então importante auxiliá-lo na busca de realizar a "intenção paradoxal".

Dentre esses medos de medos, outro exemplo que pode ser esclarecedor é o conhecido medo de desmaiar. Pessoas que sofrem de medos exagerados, como o de ter uma síncope, geralmente no início procuram ajuda com cardiologistas e clínicos gerais e, certamente, esse cuidado é justo e apropriado, porque todos devem ter bons cuidados com a saúde física. Não raro, alguns casos não têm causas físicas e são encaminhados às terapias e psicoterapias necessárias.

No entanto, esse medo muitas vezes persiste, mesmo após o médico ter garantido a boa saúde física do paciente e após vários exames sem alterações. Para alguns, o medo permanece com a mesma intensidade e, em alguns casos, a busca de ajuda por outras opiniões são feitas, levando-o a percorrer vários socorros até chegar ao consultório de psicoterapia, onde será o início da compreensão de seu drama.

Situações semelhantes acontecem com muitas pessoas, mas cada caso requer avaliação individual e tarefas específicas. Um exemplo particular e interessante é o caso de uma bancária que sofria do tal medo do medo. Ao nos procurar, já havia passado por bons exames físicos e cardiovasculares, mas sofria com o temor de desmaiar em público e, em seu caso, como realmente trabalhava com o público, esse temor aumentava ininterruptamente.

Como estávamos seguros de sua saúde física, passamos a procurar o entendimento de sua saúde psíquica, pois nada havia de errado com sua condição intelectiva e sequer havia comprometimentos em seu desempenho profissional, pois ela se mostrava bastante competente e reconhecida em sua carreira. Os passos iniciais na busca de compreensão nos levaram a fortes evidências de que em sua infância houve ansiedade de separação, gerando um sentimento de insegurança e desamparo.

Ao percorrermos sua história pregressa, com os antecedentes pessoais e familiares, nos foi possível perceber o medo do medo. Mas isso ainda não foi suficiente para vencê-los. Foi proposto então a intenção paradoxal, para que ela desmaiasse duas a três vezes por semana naqueles próximos dias, de preferência em público. Ela pôs-se a rir, pois percebia quão ridícula e hilária era tal proposta.

Quando insistimos na tarefa a paciente sorriu ainda mais. Os dias se passaram e, quando nos encontramos novamente, ela comentou que seus temores de desmaiar haviam diminuído significativamente e que até sentiu vontade de desmaiar no saguão da entrada do banco. Ao falar sobre isso pôs-se a sorrir novamente.

Esse foi o início da sua cura. Podemos dizer que foi pela aceitação do problema e por um certo distanciamento que ela fez de si mesma com o bom humor que é peculiar a todo ser humano. Foi assim que ela se sentiu mais próxima de se transformar para melhor. Assim, ao propormos a "intenção paradoxal", obtivemos resultados efetivos.

Se a intenção paradoxal necessita de autodistanciamento e contribui no tratamento de neuroses fóbicas, o mesmo não acontece com as neuroses obsessivas nem com as neuroses sexuais. Estas necessitam da técnica que Frankl desenvolveu com o termo de Derreflexão, que além do autodistanciamento, precisa da autotranscendência.

Autotranscendência é a capacidade de sairmos de nós mesmos e nos esquecermos de nós com a tarefa de olharmos para fora, buscando compreender, amar e se doar a algo ou alguém.

> A autotranscendência marca o fato antropológico fundamental de que a existência humana sempre aponta para algo que não é ela própria - aponta para algo ou alguém, ou para um sentido que deve ser preenchido, ou para a existência de outro ser humano que encontra. Ou seja, o ser humano só se torna realmente ser humano e é totalmente ele mesmo onde ele se entrega na dedicação a uma tarefa, no serviço a uma causa ou no amor a uma outra pessoa, deixando de se enxergar e esquecendo-se de si.
>
> (FRANKL, Viktor E. *Teoria e Terapia das Neuroses - Introdução à logoterapia e à análise existencial*. Trad. Claudia Abeling. São Paulo: É Realizações, 1. ed., 2016, p. 16)

Nas neuroses obsessivas, o medo torna-se medo de si mesmo com falta de controle sobre os pensamentos, os quais o paciente sabe serem invasivos e intrusivos, embora também saiba que são seus próprios pensamentos. Sofre de um medo infundado, com os riscos de um mal que pode fazer pelo mundo exterior. Sente medo de si mesmo e tenta se controlar, mas quanto mais reflexivos são seus pensamentos intrusivos, torna-se ainda mais preso nessa hiper-reflexão e piora retroativamente suas autocríticas. Ele não se sente capaz de se controlar e controlar o seu mundo interior. Tem medo de si mesmo.

Podemos compartilhar dois simples exemplos que nos foi possível observar na prática clínica, que corroboraram com os vastos exemplos da literatura da logoterapia.

Certa vez, ao atender uma pessoa com transtorno obsessivo-compulsivo, escutamos a queixa de que, ao passar em frente às igrejas, fazia o nome do pai como forma de se sentir abençoada pois, sendo católica, assim procedia desde criança. Porém, queixava-se de que há meses passou a ter pensamentos repetitivos e intrusivos e que se não fizesse tal ritual por três vezes, nada teria valor. Temia que algo ruim acontecesse com ela ou com algum dos seus familiares. Sentia-se cada vez mais angustiada com isso, pois percebia que havia perdido o sentido daquilo que antes considerava ser uma benção. Como havia uma boa coesão terapêutica, foi sugerido que a paciente continuasse com os rituais, mas que ocupariam um pouco mais de seu tempo, diminuindo a marcha quando passasse pelas igrejas. Fizesse o sinal da cruz demoradamente e oferecesse as bênçãos, que antes eram para ela, a todos os fiéis daquela igreja.

O propósito dessa sugestão foi manter o distanciamento e, nesse caso, isso aconteceu e deu-se também com a autotranscendência, tanto no sentido de manter suas crenças, que sempre lhes foram sagradas, quanto suas orações, ofertadas no desejo de um mundo melhor. No retorno desse encontro revelou-nos que estava mais tranquila e que inclusive usou tal moderação e lentidão nos cumprimentos que há tempos fazia aos conhecidos, parando de repetir os três tapinhas que dava nas costas de quem cumprimentava, dando-lhes um forte e caloroso abraço. Com certeza foi um bom início de uma caminhada, que seria longa. Percebemos que houve boa esperança revelada pela paciente.

A ansiedade antecipatória também se dá em casos sexuais, quando a pessoa teme não obter a potência necessária.

Caso interessante de um rapaz com seus trinta e poucos anos, que nos procurou com a queixa específica de que estava apavorado por ter marcado para aquele final de semana o tão desejado encontro com sua noiva, porque a expectativa de ambos era a realização das tão sonhadas núpcias. Tudo estava preparado: o jantar, os drinks, as músicas, o ambiente. Mas o rapaz estava apavorado. Revelava que a amava e era amado por ela, mas acreditava que seria a derrocada daquele relacionamento se fracassasse. Queria ser perfeito! Cuidou de tudo minuciosamente e agora estava prestes a desistir de tudo.

Após acolhê-lo, ouvindo-o atentamente, foi possível sugerir a ele que dobrasse a aposta, marcando também outro encontro para a próxima semana, e cuidasse dos detalhes com o mesmo esmero que fez com o primeiro. Mas tal contrato teria a condição de que ele estaria terminantemente proibido de tê-la sexualmente na primeira noite, ainda que ela insistisse, e que somente deixaria tal encontro carnal para o segundo final de semana. Ficava também terminantemente obrigatório que ele fosse o mais romântico que pudesse em ambos os encontros. O paciente aceitou tal compromisso e ali pôde-se perceber um certo alívio em seu semblante. Desfez, ainda sem perceber, o tal imperativo: "tenho que!".

No retorno que fizemos foi possível notar que o seu semblante e sua energia psíquica estavam muito bem. Desculpou-se por não ter conseguido cumprir com o contrato que fizemos, pois na primeira noite falhou com o contrato. Mas confessou que ele e a companheira desfrutaram muito daqueles momentos. Sentiu-se seguro de si e desculpou-se por não ter cumprido o que foi proposto. Agradeceu, mas preferiu fazer à sua maneira dali para frente.

Assim como os indígenas, que quando pescam não atiram a lança direto no peixe que veem ao redor, porque sabem que o que veem é uma ilusão. Eles atiram um pouco abaixo respeitando o fenômeno da refração. Vemos que a Intenção Paradoxal e a Derreflexão são "lanças" necessárias em nosso dia a dia, para evitarmos as ansiedades antecipatórias.

Muitas vezes, ao nos distanciarmos de nós é quando melhor nos enxergamos. Não enxergamos o futuro com suas incertezas, mas podemos aceitá-lo com tolerância, apesar dos limites. Podemos também, com bom humor, superarmo-nos e, com amor, esquecermos de nós mesmos em função da autotranscendência.

12. Desejo e Amor!

Amor não se recebe, se dá... Se convive e se acerta... Vive preso no convívio... e se liberta! tp

Vive na solidão quem muito foge dela.

Não devemos ter tanto medo de ficar sozinhos. Isso é bem diferente da solidão. Ficar só pode ser feito com o coração elevado, se assim escolhermos.

A solidão pode ser experimentada por crenças enraizadas em sentimentos íntimos e antigos, que certamente não foram bem cuidados por nós e em nós. Isso é tão certo que, por vezes, experimentamos a solidão em plena multidão.

De vez em quando, devemos ter a coragem de ficar só, mesmo que temporariamente, e buscar o bem a fundo, construindo nosso caminho, tornando-o mais fácil. Ao refletirmos sobre o sentido do amor, é necessário percorrer a história de nossa vida, tanto a que nos foi dada como a que nos foi exigida. Nossa história de amor passa por nossa história de desejo. Nossos desejos eram pedras brutas, polidas ao longo do tempo.

Como podemos capturar o amor-próprio em nós e capturar em nosso ente querido sua singularidade? Como polir a pedra bruta que somos, se nem mesmo conhecemos a ciência de lapidar? Como podemos obter maior conhecimento do significado do amor e do amor-próprio se somos apenas aprendizes? Como vamos descobrir a fórmula para alcançar os conceitos mais elevados de amor e alcançar suas raízes mais profundas? Saberemos ficar a sós para tais reflexões?

Saber estar sozinho não é o mesmo que se perder, mas é uma ótima maneira de desenvolvermos a capacidade de nos encontrarmos. Essa parece uma ótima maneira de fazer grandes amigos e grandes amizades. Tendemos a aceitar a opinião da maioria como correta e muitas vezes tomamos medidas erradas apenas para nos sentirmos aceitos pelo grupo social.

Na vida, precisamos aprender a nos afastar um pouco de nós mesmos, com autodistanciamento. Talvez assim, aprendendo e praticando o exercício dessa saudável separação de nós mesmos, sejamos mais serenos com nossos amigos, participando do mundo com maior comunhão e menos abandono.

Somos exigentes com os amigos e muitas vezes tememos a rejeição. Dessa forma, e agora sim, caímos na solidão e deixamos de cuidar das amizades, desperdiçando-as.

Sabemos que o outro é estranho, mas é o nosso espelho. O outro quer a nossa compreensão. Nós queremos a compreensão do outro. Estamos caminhando em busca desse entendimento. Estrada longa e necessária.

Na busca da autocompreensão chegamos à autorrealização, mas precisamos ir além. Por isso, é necessário, antes de questionar o outro, questionar a nós mesmos. Ou pelo menos aprender a ficar em silêncio. Em silêncio saberemos ouvir melhor o que o amor tem a nos dizer.

Sempre que questionamos se sabemos amar corretamente, revisamos a ideia de que para amar é necessário ter amor-próprio. Isso é evidente em muitos pensamentos religiosos e filosóficos. Embora nem todos. Porém, confundimos quando pouco refletimos ou quando deduzimos de forma apressada as diferenças do amor-próprio com o que chamamos de autoestima.

Na autoestima, buscamos mais cuidados com o corpo e a beleza, com racionalidade e inteligência, e até com sensibilidade e elegância, e claro que queremos receber elogios, mas principalmente seremos ávidos e vaidosos com nossa própria atuação. Somos desejosos por essa performance. Isso não exclui a busca pelo verdadeiro amor-próprio, apenas não é a mesma coisa.

No amor-próprio, se houver de fato a essência do que podemos chamar de amor em sua condição mais elevada, podemos perceber que o meio para chegarmos à finalidade desse sentimento será outro caminho ou outra maneira de caminhar. Temos que admitir que há meios bem demarcados nessa trajetória. No caso da busca pelo amor-próprio, o caminho não é em linha reta, pois são necessárias paragens com reflexões sobre o respeito próprio, sobre a responsabilidade pelo que fazemos e pensamos e como expressamos esse amor.

Amor e desejos são lançados ao mundo de uma forma ambígua. Em filmes, livros, novelas, revistas etc., existem convites para nos expormos aos desejos mais íntimos e nem precisaríamos de tantos convites, já que esse vulcão é biológico em cada um de nós. A sociedade lança suas asas para voarmos, mas atira pedras.

Esse antigo embate entre o biológico e o social cria um conflito eterno. Dessa forma, essa luta não terá um vencedor, mas sim um perdedor. Sempre haverá a possibilidade de ter um perdedor, porque, na realidade, esse conflito desencadeia um diálogo interno, um dilema interno que nunca termina, a menos que haja amor verdadeiro.

Mas que tipo de amor será a solução neste caso?

Antes de atingirmos a altura desejada, temos que admitir que os desejos ora nos favorecem, ora nos dificultam. O homem repete os mesmos erros. Podemos aprender com os nossos erros ou com os erros do passado. Temos sabedoria e prudência para isso.

Temos? O triste é que o aprendizado é individual, e não coletivo. Pessimistas, otimistas ou realistas, o que somos? Podemos afirmar que há uma necessidade urgente de se fazer algo bom e além de nós mesmos. O conforto do lar, um estado de vida saudável, status social ou qualquer outro, não protege ninguém. Todos nós estamos expostos. Todos nós somos responsáveis.

Hoje em dia, quando olhamos para a humanidade, percebemos que existe falta de amor, respeito, união, entre outras coisas. Deveremos trilhar cuidadosamente um caminho de desvelo e atenção.

Temos que atender aos nossos desejos? Temos que cumprir todos os desejos? Querer, querer ser amado, satisfazer os desejos mais íntimos, para nos sentirmos satisfeitos. Isso parece ser uma constante em nossa vida. E o outro? A realização de nossos desejos também depende dos desejos de outras pessoas, da interação e da participação de outras pessoas.

Ninguém vai conseguir sozinho, porque nos passos que o destino traça para nós, será necessário desenvolver o entendimento entre esses estranhos que estão ao nosso lado e esse estranho que somos. Ao olharmos para o passado, vemos quantos caminhos se desviaram sem o desejo esperado.

Quantas pessoas se encontram sem a verdadeira comunhão? Mas embora as probabilidades pareçam remotas, continuamos procurando.

> O amor é a única forma de capturar outro ser humano nas profundezas de sua personalidade. Ninguém consegue ter consciência plena da essência última de outro ser humano sem amá-lo.
>
> (FRANKL, Viktor E. *Em Busca de Sentido*. Petrópolis: Sinodal/Vozes, 1999, p. 100)

O mesmo desejo que leva o homem ao prazer de experimentar um paraíso imediato, provando uma altura indescritível, pode derrubá-lo, frustrá-lo e fazê-lo experimentar o inferno em vida. As pessoas costumam repetir a frase: "Não há felicidade, mas momentos felizes". O desejo se parece com a moeda, uma face é prazer, a outra é frustração, ou vice-versa, portanto, será verdadeiro dizer: se não existe felicidade, tampouco existe a infelicidade, porque se o momento feliz passa, também passará o momento infeliz.

O equívoco aqui é que, inocentemente ou distraidamente, falamos sobre felicidade e infelicidade, quando na verdade se trata de contentamento ou descontentamento. São coisas diferentes. Podemos desejar alguma satisfação no início da busca do amor, mas ainda não deve ser denominada de felicidade. Isso não impedirá que a felicidade, finalmente, chegue com o tempo.

Na busca do sentido do amor, o ser humano é capaz de ver o ser amado em sua essência. No entanto, para evitar o risco de perder, muitos desistem da busca. Se existe a possibilidade de perder, também existe a possibilidade de vencer, se existe o risco da derrota, existe a possibilidade da conquista, se num dia ocorre frustração, em outro pode haver sucesso.

Para Erich Fromm, o amor requer produtividade e determinação. Precisamos de ajuda e unidade em nosso processo evolutivo para conhecer o amor. Ele diz:

> O desvelo e a responsabilidade são elementos constitutivos do amor, mas sem respeito por e conhecimento da pessoa amada, o amor degenera em dominação e possessividade. Respeito não é medo nem reverência; indica, segundo a origem da palavra (respicere = olhar), a capacidade de ver uma pessoa tal como é, de ter consciência de sua individualidade e originalidade. Não é possível respeitar alguém sem o conhecer; o desvelo e a responsabilidade seriam cegos se não fossem orientados pelo conhecimento da individualidade da pessoa.
>
> (FROMM, Erich. *Análise do Homem*. Rio de Janeiro: Zahar, 1968, p. 93)

Podemos ver que as regras não são desnecessárias. Na verdade, elas são produtivas. Se seguirmos esses quatro passos: afeto, respeito, responsabilidade e conhecimento, guiando o amor e o amor-próprio, certamente estaremos num bom caminho.

Isso nos leva a pensar sobre nossas identidades particulares, mas com o exposto sobre o entendimento que se dá ao que é de fato respeito, no sentido estrito de ver o outro, e no sentido de responsabilidade, de responder com amor, somos convocados a dar passos rumo à compreensão do que é alteridade.

Se já nos preparamos cuidadosamente para desenvolver o amor-próprio, a única coisa que resta é lançá-lo no alvo, objetivo da existência do amor. Se a outra pessoa é o propósito do nosso amor, é a parte que completa tal encontro, então precisamos olhar para essa razão.

Alteridade é atitude de saber se desdobrar em direção a outra pessoa. Olhar o outro com zelo e responsabilidade. Isso só é possível através do amor-próprio, que faz parte de nosso caráter, de nossa identidade. Podemos pensar que a empatia, o ato de perceber o outro de modo consciente, é parte agora de nossa própria identidade. No entanto, o medo de amar é uma constante nas pessoas. Na verdade, o medo parece um monstro que se alimenta de mais medo. Quanto mais medo, mais medo, mais medo... Medo do medo, medo do amor.

Não é proibido cuidar do corpo ou admirar a beleza de si e do outro. No início da caminhada afetiva, olhamos muito mais para os olhos do que para o olhar. Olhamos nos olhos pretos, marrons, azuis, verdes, mas não os vemos de verdade, ou o que vemos são partes do mundo material, tangível e visível.

A princípio, não lemos o que está por trás de um sorriso ou de uma lágrima, mas no início isso é natural. Não precisamos perder de vista essa inocência, pois ela, muitas vezes, volta a nos ensinar um pouco mais da simplicidade da vida. Porém, não devemos nos portar como eternas crianças. Amadurecer é necessário para enxergar um pouco além.

Pelo amor, pelo sentido do amor, podemos ver o que há de especial na alma de um ente querido. E podemos ser vistos pelo outro, como num espelho, em nossa essência humana.

> O amor não é apenas um fenômeno propriamente humano; é também um fenômeno originariamente humano...
>
> [...] Qualquer pessoa simples apercebe claramente que o homem, enquanto realmente ama, toma, pelo amor, uma atitude que de fato visa o que há de irrepetível e único na pessoa espiritual do ser amado.
>
> (FRANKL, Viktor E. *Psicoterapia e Sentido de Vida.* São Paulo: Quadrante, 1989, p. 177)

Procuramos compartilhar com a pessoa amada suas ideias, pensamentos e valores. No desenvolvimento da vida afetiva, o amor precisa ter um pouco mais de razão para sobreviver, ter competência para se manter e evoluir. A complexa arte de conduzir a carruagem da vida é evitar o conflito entre paixões e razões, mas além destes, sabemos que o ser humano tem a dimensão espiritual no seu cerne essencial, e é nela que encontra sentido na vida para apaziguar desejos e paixões.

> Quando experimentamos a vivência do autêntico amor, temos uma vivência que é para valer sempre, para sempre, exatamente como se sucede na cognição das verdades que, sendo reconhecidas como tais, são efetivamente tomadas por verdades eternas. O amor autêntico, em si e para si, não precisa do corporal, nem para despertar nem para se consumar; mas serve-se do corporal nos dois momentos. (*Ibidem*, p. 189)

O amor autêntico é um caminho de mão dupla com sentido e espiritualidade. Não é apenas amor à pessoa amada, mas amor à obra da vida, amor a Deus. O pertencimento vai além do amor-próprio e segue um contexto diferente, como se fosse um outro universo, como se tivéssemos encontrado conscientemente a dimensão noética.

Antevendo a pequena semente e a possibilidade do crescimento, quem sabe assim chegamos às raízes profundas que sustentam o crescimento da flor. Então o perfume irá transcender, penetrando na alma e dando à vida um significado maior. Buscamos o amor verdadeiro e sabemos que o encontro é graça, que o caminho é mérito.

A longa e complexa jornada para compreender o amor e o significado que ele contém permanece um mistério, mas é possível se a dimensão for espiritual. É preciso coragem para aprender a amar, evitar pedras, experimentar o amor. Passamos pelas emoções e razões e, finalmente, a espiritualidade do amor. Dessa forma, podemos desvendar o verdadeiro amor e o amor-próprio, no caminho da identidade e alteridade necessárias na busca constante pelo aprendizado.

13. Silêncio e Reflexões!

Em tempos de redenção,
É caindo que se levanta,
E se aprende a lição.
tp

Enfrentamos um mundo confuso, parecemos vagar sozinhos e vivemos em contradição com o nosso destino, muitas vezes corremos riscos com consequências desnecessárias e assim nos escapa a chance de permanecermos conscientes. Somos invadidos por dúvidas se realmente estamos cientes ou vivemos enganados. Não raramente sentimo-nos tão abandonados que podemos não acreditar que haja algo para nos proteger.

Entretanto, inexplicavelmente, em algumas ocasiões somos salvos em detalhes incríveis, inexplicáveis e sagrados. Somos amparados justamente quando procuramos um significado. Saltamos de um abismo que parece vazio para um caminho coerente. Às vezes, esse fenômeno ocorre com amor, outras vezes vem com medo e dor.

Ao mirarmos para o espelho daquilo que somos, nos parece que somos seres mal lapidados, rascunhos de pesadelos e sonhos. Podemos ter realizações ou desencantamentos. Sim, podemos potencialmente alcançar as alturas dos santos ou os porões escuros de pesadelos terríveis. Vivemos neste campo de batalha. Se num dia desabamos, no dia seguinte há vitória. São ensinamentos de vida, onde a arrogância sempre perde e a humildade prevalece. Nessas horas, desde a infância até a velhice, aprendemos a fazer a prece necessária.

Contudo, nada disso é um destino fechado, porque a liberdade de escolha pode ser consciente. A caminhada não necessariamente é acidental. Mesmo como aprendizes, em meio a obstáculos e elevações, subimos com vontade de acertar. Somos mestres e discípulos. Aprendemos que a vida permanece segura e que a alma não é cativa, mas livre em todas as condições. Somos frágeis, uns mais, outros menos, mas somos frágeis. Somos colocados à prova para medir alturas, somos instrumentados com todo tipo de ferramentas, da força física à inteligência, e mesmo instrumentados nem sempre vencemos.

Às vezes, quando parece não haver mais nada para nos proteger, nenhum caminho para caminhar, nenhuma corda para escalar, onde a pior hora não passa, algo inusitado e sagrado pode acontecer, como uma providência que vem para nos socorrer, e isso parece não ser tão incomum a toda gente. Há buscas que muitas vezes são inúteis e rápidas. Há fatos que são falsos e há ilusões que perduram por muito tempo, até serem substituídas por desilusões. Por isso, vale a pena voltar à busca dos fins mais sérios. E se nos parece que são invisíveis para nós, não há razão para nos habituarmos a outras veleidades.

Confundimos ciência com consciência. Não entendemos que a melhor compreensão não está apenas no conhecimento intelectual, mas na soma do que somos com o que sabemos. Há muito para sabermos e muito para sermos. É uma travessia única e pessoal, mas pode ser feita com contentamento.

Nós nos comparamos uns aos outros, e não importa quantas diferenças colecionemos nesse relato interminável, chegamos a admitir que algo é semelhante e nem sempre perceptível. Certamente, vale relembrar o pensamento frankleano: "o ser humano tem corpo e alma, mas é espírito". Não há como explicar o inexplicável. Somos um cabo de guerra entre nossos instintos e nossa dimensão noética.

Se nos apegamos aos prazeres, estamos fadados a perdê-los. O mesmo ocorre com o poder. O problema aqui está no exagero. E é justamente no exagero que muitas vezes trocamos virtudes por vícios. Corremos o risco de sermos prejudiciais conosco ou com outro ser humano. E quando vemos pessoas prejudiciais, exploradoras de outros seres, podemos querer negá-las de nossas vidas, como se fossem parte de outro tempo ou outro espaço, mas se o fizermos, perdemos nossa própria consciência.

Temos que reconhecer que fazemos parte dessa espécie. Também somos *homo sapiens*. Essas criaturas podem ter alegrias e poderes egoisticamente e, certamente, abriram as portas da solidão. Elas não parecem aprender com o passado. Elas não parecem ver as pessoas ao lado. Temos que reconhecer que são exemplos invertidos, para que não as sigamos.

Não é pecado desejar o prazer e o poder que fazem parte da vida. O desejo cria um pouco de medo, mas certamente nos leva a ter o que podemos ter, contudo, não nos impede de buscar o sentido como uma diretriz que nos aponta para o norte. Caminhamos em busca da estrela-guia, mas caminhamos no mundo. O terreno que percorremos não o faremos sozinhos.

Será que nas ruas e praças dos tempos atuais encontraremos pessoas tais como o filósofo Sócrates, o poeta grego Píndaro e o escritor Shakespeare? Podemos acreditar nisso. Na verdade, os pensamentos deles ainda vivem entre nós e nos servem.

Se refletirmos as expressões conhecidas, na ordem abaixo, podemos retirar delas algum benefício: "Ser ou não ser, eis a questão"; "Conhece-te a ti mesmo"; "Torna-te quem tu és".

Somente podemos perguntar quem somos com base na dúvida e no desejo de nos tornarmos o que queremos ser. E as questões precisam ser apaziguadas no decorrer da busca.

Quais são as buscas da pessoa humana? Quais são os frutos que o ser humano pretende colher no final da colheita? A semente de laranjeira dará laranja, se vingar; laranja doce ou azeda, dependendo de sua natureza. A ameba não passará de ameba. Uma só célula, nascida pronta e ponto. Para que serve?

Os ovos das serpentes. Os ovos das águias. Os ovos das lagartixas, tão antigas, continuarão resultando em lagartixas. Numa seleção de animais, ganha-se muito em tecnologia com cruzas perfeitas. Gados, ovelhas, peixes, abelhas etc.

Há milênios o homem vem domesticando os animais em busca da evolução. As abelhas, por exemplo, são também exploradas nessa ânsia de evolução e, embora o ser humano tenha dominado a ciência desses invertebrados em busca do mel, descuidou um tanto da polinização, que também é um dos papéis fundamentais das abelhas, no que tange à manutenção do equilíbrio ecológico.

Sabemos o que são as abelhas, o que elas fazem, como fazem, mas jamais fabricaremos mel, seremos, no máximo, os apicultores dos apiários. O ser humano não será produtor de mel, mas o proprietário do apiário ou o professor de biologia, ou o cientista do comportamento animal, mas jamais será rei ou rainha das abelhas.

O homem social precisa refletir sobre seu comportamento, sentir-se responsável, não só pelo que faz, mas pelo que toda sociedade faz.

> Como a própria palavra ('reflexão') indica, é o poder adquirido por uma consciência de se dobrar sobre si mesma, e de tomar posse de si mesma como de um objeto dotado de sua própria consciência e de seu próprio valor: não mais apenas conhecer, mas conhecer-se; não mais apenas saber, mas saber que se sabe.
>
> (CHARDIN, Teilhard. *O Fenômeno Humano*. São Paulo: Cultrix, 1995, p. 186)

A abelha sabe fazer o mel, mas não sabe que sabe, com isso, o homem aprendeu a arte da apicultura e tira proveito do trabalho delas. O homem sabe que sabe, reflete, essa é uma grande diferença, que jamais poderia passar despercebida. Enfim, o homem sabe que a sociedade depende dele, que a justiça depende dele, e já não há mais sentido em negar o quanto é responsável.

Começar fazendo a diferença, já nas relações mais íntimas, pois os conflitos do mundo têm suas raízes nos mais simples encontros. Cuidar das causas e das coisas, e não esquecer que, mais importante do que criar leis para evitar as injustiças, é fundamental refletir sobre o que se sabe, para que se possa ter viva a semente da dignidade, para que a sociedade seja o canteiro onde haverá de florescer a justiça social. O homem maduro preparou a sociedade para ele, mas esqueceu-se de preparar sua alma para a sociedade.

A lei que deveria existir é aquela que brota da dignidade de cada ser humano. Um sonho! Seria, talvez, esta a única saída para que o planeta Terra não venha se "revoltar" contra a humanidade, como parece estar acontecendo. Sempre sai uma nova lei, uma nova regulamentação para o porte de armas. Quando será que vai deixar de existir a necessidade de armas?

Precisamos desarmar as mãos, as bocas e as cabeças, para com isso cuidar melhor dos gestos, palavras e pensamentos. Precisamos redescobrir a paz com urgência, pois muitas vezes ela está adormecida, tímida, escondida, abandonada, deixando espaços para que a guerra a devore. Precisamos dar conta dos instintos, mas até nisso ainda temos um longo caminho a percorrer.

O segredo do homem será conhecer a si mesmo. A dúvida é necessária para evitar as ilusões que são comuns a todos nós. Em geral, parece melhor tomarmos cuidado ao desenvolver e compreender nossa personalidade. A estrutura da personalidade transcende níveis em uma escalada contínua.

Desde o início da vida continuamos buscando o auge da nossa personalidade para atingir um alto nível de complexidade. Não é mais necessário discutir que o desenvolvimento da personalidade passa por princípios de aprendizagem. Já sabemos disso. Estamos numa marcha gradual, em níveis e estratos coerentes com o tempo e a idade da pessoa, na busca de desvendar o sentido do eu. E ao observarmos pessoas que, num salto, se transformam e alcançam altos níveis de sabedoria, perguntamos novamente: quem somos nós? Isso nos instiga a manter a busca pelo autoconhecimento. É melhor permanecer temporariamente em dúvida do que apenas imaginar um terreno plano sem ser capaz de apontar para cima.

A ciência explica os limites das dimensões profundas, mas não apresenta ainda respostas seguras para as dimensões superiores. Nesse processo evolutivo da personalidade, estágios de graduação se sobrepõem em todo ser humano, que vão desde sensações físicas, emoções de todos os tipos, senso de moralidade, até a busca do sentido do entendimento e da própria identidade.

No entanto, esses achados ainda são periféricos, pois os sentimentos espirituais, que estão no centro de nossas experiências e enraizados em nossa personalidade, podem não ser percebidos. Sabemos que a personalidade é constituída de temperamento e caráter, mas nem um nem outro constituem o núcleo da personalidade.

O ser humano quer conhecer tudo que puder e segue firme nesse projeto; pensa ter avançado bastante. No entanto, como já vimos, não quer apenas "conhecer, mas conhecer-se." Através da "reflexão" o homem é o único ser que não somente sabe, mas sabe que sabe. "O poder adquirido por uma consciência de se dobrar sobre si mesmo, e de tomar posse de si mesmo".

Todavia, essa autoapropriação ainda parece longe de nossa compreensão. Queremos nos corresponder com o filósofo e o poeta, mas ainda estamos longe disso. Parece não ser possível demonstrar cientificamente a essência de nossa personalidade.

À medida que nos aproximamos da ciência e de seus instrumentos, temos a sensação de que o que pesquisamos nada mais é do que uma anatomia animal, uma biologia humana e até uma psicologia comportamental. Úteis, claro, para nos aproximarmos de nós mesmos, mas insuficientes. E se além da ciência acreditamos que é possível desenvolver conscienciosamente tal busca, devemos primeiro responder com que consciência estamos lidando aqui.

Será que existe paz no silêncio de nossa alma? É hora de reencontrar a paz, de buscá-la, acordá-la com a voz suave e segura da própria consciência.

> A fim de ouvir a voz de nossa consciência, cumpre-nos poder escutar a nós mesmos, e é exatamente isso o que a maioria das pessoas tem dificuldade de fazer em nossa cultura. Escutamos todas as vozes e a todos, mas não a nós mesmos. Escutar a si mesmo é assim difícil porque essa arte requer outra

habilidade, rara no homem moderno: a de ficar a sós consigo mesmo.

(FROMM, Erich. *Análise do Homem*. Rio de Janeiro: Zahar, 1968, p. 141)

Cada um de nós é uma semente, a família é uma árvore, a sociedade é o pomar, e os frutos... Ao final de cada temporada, de cada colheita, espera-se voltar com os cestos repletos de paz, harmonia, ternura, amor, saúde, serenidade, confiança. Embora existam tantas mãos vazias, não devemos desistir, mas desistimos com certa frequência.

Não raro, o ser humano incorpora em seu viver atitudes prejudiciais. Por vezes impulsividade, outras vezes passividade, perdendo a temperança. Mas não deve desistir da atitude de enfrentamento, de busca de sentido, de superação. Frankl nos lembra que o ser humano é um ser que decide, que independentemente das circunstâncias pode tomar decisões sobre o que fazer no próximo instante.

O ser humano não é completamente condicionado e determinado; ele mesmo determina se cede aos condicionamentos ou se lhes resiste. O ser humano é autodeterminante. Ele não simplesmente existe, mas sempre decide qual será a sua existência, o que ele se tornará no momento seguinte. O ser humano é aquilo que ele se torna. O ser humano se determina a si mesmo. Pode se portar como animal, ou como santo. A pessoa humana tem dentro de si ambas as potencialidades; qual será concretizada depende de decisões e não de condições.

(FRANKL, Viktor E. *Psicoterapia e Sentido de Vida*. São Paulo: Quadrante, 1989, p. 65)

O ser humano é esse caminhante, que busca incansavelmente sua missão, este ser, que faz e que pensa. O ser humano não é gado, jamais, embora possa parecer! Não é cobra, embora possa parecer. Por vezes parece uma ameba, mas apenas parece. Por mais "humanos" que estejam nossos cães e gatos, jamais chegarão a ser "como qualquer ser humano".

O ser humano, com letras minúsculas, ainda que nunca consiga seu apogeu, mesmo assim, tende a ser um Ser Humano com letras maiúsculas. Porém, o maior problema aqui não são os *scripts*, mas o enredo final. E pior, o enredo final, individual e finito de cada ser humano não tem como prever, nem a doçura nem o azedume, mas sempre há chance de mudanças para melhor ou o risco de mudanças para pior. É exatamente na imprevisibilidade do enredo que, além de doçura e azedume, podemos encontrar compaixão, veneração, verdade, bondade, arte, amor, doação ou egoísmo, inveja, poder, mentira, engodos... Tudo isso faz parte, apenas parte das possibilidades do ser ou Ser (humano ou Humano). São apenas reflexos e projeções de um ser (Ser) tão misterioso.

A abelha sempre faz o mel e não reflete sobre isso. O ser humano pode refletir sobre isso e mais aquilo e aquilo outro, só que de tanto olhar para fora de si, pode ficar cego quanto a sua autorreflexão. Claro que cego em parte, mas cego. Se admitir que não pode saber tudo, consegue pelo menos crer que existe um "apicultor" que o conhece. E se não crê nisso, pode ficar apenas com a primeira crença, de que não se conhece totalmente, chamando o enredo final de ponto final, se assim desejar. O ser humano pode fazer suas apostas, porém há sempre uma fresta de livre-arbítrio que o impede de saber como será o final, mas que o permite crer no passo seguinte.

Não fabricamos mel, mas também não fabricamos verdades. As verdades existem, somos fortes e resilientes para suportá-las, porém frágeis para dominá-las. A aceitação desses limites auxilia a sermos mais humildes, o que não impede a ousadia tão humana, mas nesse caso, é ousadia com reservas e responsabilidades.

Se ao chegarmos até aqui, pudermos entender que, como disse acima Teilhard de Chardin, "reflexão é o poder adquirido por uma consciência de se dobrar sobre si mesmo, e de tomar posse de si mesmo", então podemos seguir nosso caminho, conscientes de nosso saber.

No entanto, o que sabemos ou podemos saber sobre o mundo, e o que sabemos ou podemos saber sobre nós mesmos, é mais um convite a nos desdobrarmos ainda mais sobre o conhecimento e o autoconhecimento, numa estrada longa, que há de ser feita de persistência e humildade.

As possíveis considerações que fazemos são no domínio psicofísico, de modo que admitimos que nunca podemos nos reconhecer plenamente, mas há uma brecha de liberdade, uma liberdade espiritual para continuar a missão e a incansável tarefa de vir a ser e reconhecer esse ser que somos.

> [...] em cada ser humano que vem ao mundo, é posto um *novum* absoluto, trazido para a realidade, pois a existência espiritual é intransmissível, não é hereditária. É possível transmitir somente uma possibilidade psicofísica, uma potência psicofísica; o que é transmissível é apenas o espaço psicofísico de

ação, nunca a liberdade espiritual dentro dele; o que é transmissível são as fronteiras psicofísicas, não o que fica entre elas. São as pedras da construção, jamais o mestre-de-obras.

(FRANKL, Viktor E. *Fundamentos Antropológicos de Psicologia*. Universidade de Viena: Zahar, 1978, p. 126)

Quanto mais alta for a conquista, maior será a compreensão, e, quanto mais compreendermos o mundo, menos seremos compreendidos, mas isso não é o mais importante. Importante é a busca. E na caminhada de quem busca a luz, a luz é fundamental.

Assim sendo, podemos perceber que sabemos muito, mas não tudo. Podemos ainda fazer outra reflexão: Quem sabe de nós? Quem sabe de nós aquilo que não sabemos? Qual será o nosso verdadeiro "mel"? Quem será nosso "Apicultor"? Serão essas dúvidas pontos invisíveis? Ou serão justamente fontes que não vemos? Será que a necessidade metafísica desse ser humano que somos nasce da capacidade de crer? Será este o "mel" que o ser humano faz e não sabe que faz?

O homem, que crê no invisível céu, compreende e ama a terra, porém, compartilha o seu voo com quem também sonha com asas.

> Não se pode ver o céu nem mesmo que o iluminemos com os mais poderosos refletores. Se vemos algo, uma nuvem, isto provará apenas que não é o céu que estamos vendo. A nuvem visível é o símbolo do céu invisível. (*Ibidem*, p. 279)

Embora possa parecer que estamos sozinhos nesse mundo confuso, e mesmo que haja momentos em que nada é lógico, ainda podemos encontrar sentido quando percebemos que estamos rodeados pela presença da natureza ou de entes queridos.

E para aqueles que acreditam, a existência de Deus acrescenta a tudo. Mesmo quando estamos fracos, quando sentimos que não temos mais forças para continuar, temos a onisciência de Deus para nos proteger. E quando não tivermos mais a chance de manter nossa consciência, Deus permanece onisciente. Os religiosos dizem que mesmo quando não vemos Deus, Ele está em Sua onipresença, nos vendo, nos vigiando e nos protegendo.

14. Culpa e Perdão!

Desfazendo desconfianças,
Banindo sombras antigas,
Cumprindo com a promessa,
Com sementes de claridão.
tp

Sentimo-nos culpados por não darmos conta de todas as possibilidades ao nosso alcance e, não raro, sentimo-nos culpados até pelo que sequer daríamos conta! Diante das tragédias que assolam o mundo, entristecemos, e muitas vezes cabisbaixos murmuramos em nossos solilóquios o que nos faltou de atitude para que fizéssemos o melhor.

Somos assaltados por culpabilidades e condenações que por vezes nos movem para realizarmos ações responsáveis, mas outras vezes nos paralisamos em resignações inadequadas. Somos também conscientes de que não podemos anestesiar a consciência com uma cegueira cômoda e leviana, numa autoindulgência de irresponsabilidades diante da vida. Entretanto, também não deveríamos nos censurar com as exageradas autocondenações perfeccionistas.

Novamente, percebemos que assim como a angústia nos é ambivalente, o mesmo se dá com a culpabilidade, que percorre nosso destino nessa larga estrada que se chama vida. Somos seres múltiplos e singulares. Somos únicos e diversos.

O pensamento de cada um de nós talvez seja o sacrário mais inviolável. Mesmo quando estamos com as tagarelices comuns a todos, não esgotamos o fundo de nossos pensamentos. Muitas questões nos passam pela mente. Estamos sempre sendo convidados e estimulados pelas mídias a questionarmos o que nos falta, mesmo quando nada nos falta. Se nos questionam, por exemplo, o que estamos comendo, bebendo, vestindo, fazendo etc., em geral, trazem no bojo dessas questões o interesse em nos vender algo. Somos hipnotizados por milhares de informações.

Vivemos num mundo que, já percebemos de antemão, é imenso, por isso, temos a forte impressão de que não daremos conta dele, de tão vasto que é. Parece que estamos em busca de um tempo perdido. Parece! Quando nos convidam, por exemplo, nas mídias, para lermos os cem melhores livros antes de morrermos, é algo que sempre nos impressiona. Nos leva a pensar: quem será que escolheu tais leituras? Será que aqueles que escolheram são de fato tão cultos e sensíveis? Será que leram a Bíblia? Ficamos com um misto de curiosidade e inferioridade. E faremos a profética pergunta: estamos condenados a morrer, sem sabermos?

Quando, porventura, nos damos conta de que a obra de Goethe, *Fausto*, por exemplo; ou a obra de Dante Alighieri, *A Divina Comédia*; ou de Dostoiévski, *Os irmãos Karamázov* ou *Crime e Castigo*, pesam toneladas de sabedoria, ficamos desolados, numa guerra e paz, que nem Leon Tolstói seria capaz de nos socorrer. Sentimo-nos miseráveis. Estamos condenados a viver Cem Anos de Solidão? Desde nossos mil avós, somente Gabriel García Márquez poderia nos compreender e quem sabe nos perdoar.

Com tantas indagações, podemos nos socorrer ao mirarmos nos exemplos de muitas pessoas simples, que não sabem ler, mas sabem escutar. Não devemos esquecer que o religioso frequenta semanalmente sua igreja, seja de que credo for, e, sendo assim, pode desenvolver uma escuta ampliada no decorrer dos anos, a ponto de conseguir contar a história da Bíblia de sua igreja melhor que muitos eruditos. Há um conto anedótico e interessante do sufismo que diz:

> Um famoso faquir do povoado pretendia ser capaz de ensinar uma pessoa analfabeta a ler mediante uma técnica relâmpago. Nasrudin saiu do meio do povo.
> — Pois bem, me ensine então.
> O faquir tocou a testa de Hodja e disse:
> — Agora vá imediatamente para sua casa e leia um livro.
> Passada meia hora, Nasrudin voltou à praça do mercado com um livro nas mãos. O faquir já tinha ido embora.
> — E então, você é capaz de ler agora, Hodja? – perguntaram-lhe as pessoas.
> — Sim posso, mas este não é o caso. Onde está aquele charlatão?
> — Como pode ser um charlatão se fez com que você conseguisse ler sem nenhum aprendizado?

> — Este livro, que provém de autoridades indiscutíveis, diz: "Todos os faquires são uma verdadeira fraude".
>
> (CONTOS de Ensinamento do Mestre Sufi Nasrudin. Rio de Janeiro: Editora Dervish, s.d., p. 18)

A leitura tende a nos informar e a nos influenciar. Mas a história mais importante que vamos ler é a nossa própria epopeia, sem orgulho e sem preconceito, precisamos atravessar as mil e uma noites de nossas vidas, feito Ulisses ou Dom Quixote, pois o sol é para todos.

Um dos livros que devemos indicar a quem procura ajuda na ânsia de compreender o sentido da vida é o livro de Viktor E. Frankl, *Em Busca de Sentido*, da editora Vozes / Sinodal. São três capítulos de profunda vivência e sabedoria. O primeiro capítulo, que leva o nome do livro, "Em busca de sentido", relata três fases: a recepção, a vida no campo de concentração e a libertação. O segundo capítulo revela os conceitos fundamentais da logoterapia. O terceiro capítulo termina com a "tese do otimismo trágico". Nem a dor, nem a culpa, nem a morte impedem o ser humano de ser melhor do que é.

> 1º a dor; 2º a culpa; 3º a morte. "Como é possível dizer sim à vida apesar de tudo isto?" [...] "1º transformar o sofrimento numa conquista e numa realização humana; 2º extrair da culpa a oportunidade de mudar a si mesmo para melhor; 3º fazer da transitoriedade da vida um incentivo para realizar ações responsáveis."
>
> (FRANKL, Viktor E. *Em Busca de Sentido*. Editora Sinodal/Vozes, 1999, p. 119)

Esses três elementos, querendo ou não, fazem parte do contexto da vida, e é bem provável que, dentre os três, o mais difícil de compreender como parte integrante de nossa existência seja a culpa. Primeiro, como faremos para compreender que a culpa faz parte do cotidiano de cada um? Segundo, se a rechaçamos, não a percebemos mais como culpa, mas a transformamos em algo pior, pois na anuência dos erros, a consciência adormecida pode acordar mais adiante em profunda angústia ou depressão.

De fato, a rotina diária sempre nos cobra deveres: temos hora para isso, hora para aquilo, compromissos com este ou com aquele, afazeres diários, decisões a serem tomadas a todo momento etc. Temos muitos deveres, e, diante deles, temos instantes de indecisões, o mínimo que seja, instantes de responsabilidades, e neles, a culpa está à espreita, pois o próximo passo vira passado, e cada ato estará lá... registrado.

No entanto, se a culpabilidade é inerente a nós, e por ser originariamente humana, podemos, de forma adequada e consciente, tomar decisões numa antevisão dos fatos, pois, se em geral nos deparamos com aqueles momentos de indecisões entre tomar esta ou aquela decisão, com a escolha tomada, a vida seguirá e o destino terá sido, em parte, redirecionado.

Então, o prenúncio da culpa, ou, por que não dizer, a preocupação antes da ação, pode ser uma boa forma de prevenção e responsabilidade e, assim como a angústia há de ser aceita e compreendida para promover nossa liberdade de escolha, a culpa, de outra forma, pode ser útil, nos concedendo melhor consciência na escolha de nossas respostas e de nossas responsabilidades. Como diz Medard Boss:

> O ser humano é essencialmente culpado e assim permanece até a sua morte... Mas se ele assume livremente seu estar-culpado diante das possibilidades vitais dadas a ele, se ele decide, neste sentido, a um ter-consciência e um deixar-se-usar adequado, então ele não mais experimenta o estar-culpado essencial da existência humana como uma carga e uma opressão de culpa. Carga e opressão serão superadas pela vontade que deixa feliz de estar à disposição, sem reservas, de todos os fenômenos, como seu guardião, como seu âmbito de aparecer e desfraldar.
>
> (BOSS, Medard. *Angústia, culpa e libertação*. São Paulo: Livraria Duas Cidades, 4. ed., 1988, p. 40)

Enfim, já não temos desculpas, respondemos à vida sem alarde, sem subterfúgios, sem esquivas. Fazemos o contrário com os ensinamentos do tempo, vemos na culpa sofrimento, vemos no passado um contratempo. Ora, ora, por que perder as lições do passado? O passado é um livro já lido, mas por vezes precisamos relê-lo com tolerância.

A intolerância se assemelha à cebola, ao descascá-la ficamos com os olhos irritados, inicialmente nos aborrecemos com a turbulência do mundo, depois com as surpresas ruins da vida e depois com as imperfeições dos outros seres humanos, principalmente dos mais próximos. Não há receitas para lidar com tudo isso e nem fórmulas da perfeição. A arte aqui é diferenciar aceitação de resignação.

Temos de admitir que carregamos em nós os instintos semelhantes aos dos animais. No entanto, não somos presas ou predadores, mas presas e predadores ao mesmo tempo. Ou se podemos dizê-lo em linguagem psicológica, já que somos seres humanos, nos sentimos vítimas, às vezes de forma justa, às vezes deturpada.

O mesmo acontece quando apontamos os perseguidores, porque, às vezes, esses apontamentos podem ser justos ou distorcidos e, não raro, obscurecem a condição possível e não descartada de sermos também perseguidores. Vale lembrar, na sabedoria cristã, que é mais fácil ver o "cisco no olho alheio do que a trave no próprio olho". Muitas vezes carecemos desse entendimento, outras vezes carecemos de perdão.

Não precisamos entender tudo o que vemos. Às vezes, enfrentamos e sofremos certos contratempos que exigem que compreendamos e perdoemos. Nem sempre temos discernimento suficiente para perdoar o que não entendemos, mas isso se repetirá no decorrer da vida até aprendermos. Gratidão e perdão são as bases do amor-próprio.

Amar e perdoar de uma maneira mais elevada é o começo para receber amor e perdão de volta. Portanto, precisamos entender aqueles que estão em um nível evolutivo primário pré-consciente, bem como crianças ou adultos imaturos, porque eles ainda estão em uma compreensão do mundo abaixo de suas possibilidades, principalmente no que diz respeito ao perdão. Cabe a nós entendê-los, ajudá-los e perdoá-los. Assim, estaremos também aprendendo de forma consciente a importância de perdoar, mesmo que não de forma muito clara, mas com a intenção de manter a harmonia social e interpessoal. Aprendemos a oferecer mais de nós. Temos dificuldade em refletir bem sobre nós mesmos. Por isso, vale a pena olhar para fora de nós em busca desse aprendizado.

Certamente, os melhores exemplos virão daqueles que se expressaram com uma dimensão supraconsciente em níveis pós-convencionais, que são quase inacessíveis para nossa compreensão, porque na realidade eles desafiaram regras comuns e alcançaram um alto grau de aceitação e amor, atingindo o verdadeiro salto quântico. Referimos aqui aos nossos heróis, místicos, transcendentes, desde pessoas simples até os santos que conseguiam perdoar o imperdoável.

Novamente convém citar o livro *Chaves para a Psicologia do Desenvolvimento*, de Maria Cristina Griffa e José Eduardo Moreno, onde descrevem, entre outros estágios, aquele que apresenta de forma autêntica o perdão como expressão de amor, embasados no "desenvolvimento moral de Kohlberg":

> Perdão Como Expressão de Amor: Corresponde às pessoas que perdoam de modo incondicional, que acreditam que o ato de perdoar desperta e promove sentimentos de amor verdadeiro. Como assumem a responsabilidade de cuidar de cada pessoa, ainda que sejam objeto de um ato de ofensa ou dano por parte de alguém, isso não altera seu sentimento de amor. É o tipo de vínculo que permite manter aberta a possibilidade de reconciliação e fecha as portas para as ações de vingança.
>
> (GRIFFA, Maria Cristina; MORENO, José Eduardo. *Chaves para a psicologia do desenvolvimento, tomo 2: adolescência, vida adulta, velhice.* Trad. Vera Vaccari. São Paulo: Paulinas, 2001, p. 329)

Podemos estar longe desse estágio evolutivo, mas apenas saber que essa possibilidade existe nos motiva. Quando vemos alguns seres que fugiram das regras, mas que sabiam perdoar na inquestionável expressão de amor de quem nos serve de exemplo e caminho, passamos a acreditar no amor, no perdão e na superação da culpa sem fim. Precisamos fazer da culpabilidade intrínseca que existe em nós uma maneira de melhorarmos como pessoa. É algo interessante, intrigante, mas possível. É difícil escolher! Porém, é na possibilidade da escolha que reside a verdadeira liberdade.

> Viva como se estivesse vivendo pela segunda vez, e na primeira vez tivesse cometido todos os erros que está prestes a cometer agora.
> (FRANKL, Viktor E. *Em Busca de Sentido*. Petrópolis: Sinodal/Vozes, 1999. p. 127)

Este é um alerta para o bom senso, vivendo atentamente, mas sabendo que a escolha realizada fará parte da vida. Necessitamos de conhecimento para saber quem somos, paciência para compreendermos a vida e determinação para melhorá-la. Cada ser humano é escritor de um livro com inúmeras páginas, escritas por seus ancestrais, seus avós, seus pais, e até aqui, neste presente momento, por si mesmo.

As páginas do futuro são as mais almejadas para entender o final, para concluir o enredo final, mas estas páginas estão em branco. As páginas mais marcantes serão escritas com um dom pelo qual todos foram agraciados, queiram ou não, o dom do livre-arbítrio. Cada capítulo vivido estará lá no passado, servindo de orientação para o próximo passo.

> [...] no meu passado tenho eu realidades, em vez de possibilidades: não apenas realidades das obras realizadas, mas a do amor amado e a das dores sofridas. E por estas é que mais orgulho eu sinto, muito embora sejam elas as que menos inveja despertam...
>
> (FRANKL, Viktor E. *Psicoterapia e Sentido de Vida*. São Paulo: Quadrante, 1989, p. 66)

Quando não percebemos que o passado nos pertence e quando não percebemos que pertencemos a um passado, perdemos no mínimo a aprendizagem e a lição. Comumente, quando tentamos nos livrar da própria história, quando nos agarramos firmemente aos prazeres do presente, quando nos atiramos apressadamente no futuro, perdemos a escrita de nossas melhores histórias. É bom criar vínculos com o presente, mirar no futuro, mas não deixar de aprender com o passado. É preciso procurar e encontrar em nossa singularidade a responsabilidade que nos compete ter pela vida, para que além de guardiões, sejamos seus anfitriões.

15. Angústia e Superação!

> *Uma sabedoria tão frágil,*
> *Uma coragem fugaz,*
> *Uma vontade de paz,*
> *No vão da vida que segue,*
> *Em plena reparação...*
> *tp*

Vida e mundo. São esses os dois mistérios que os humanos devem desvendar?

Às vezes nos apropriamos de um e nos distanciamos do outro. O mundo às vezes parece grande para nós, às vezes pequeno. A vida ora parece tão longa, ora parece tão curta. Amplidão versus estreiteza. Parecem coisas da vida, do mundo, mas temos que admitir que tais sensações são nossas angústias. A sensação de aperto no peito é característica humana. A angústia, desde a infância, quando ainda nem tinha nome, quando o mundo nos parecia imenso e a vida longa, já estávamos envolvidos nesses mistérios.

> A angústia que está posta na inocência, primeiro, não é uma culpa e, segundo, não é um fardo pesado, um sofrimento que não se possa harmonizar com a

> felicidade da inocência. Observando-se as crianças, encontra-se nelas a angústia de um modo mais determinado, como uma busca do aventuroso, do monstruoso, do enigmático.
>
> (KIERKEGAARD, Søren. *O Conceito de Angústia*. Trad. Álvaro Luiz Montenegro Valls. Petrópolis: Vozes, 2017, p. 48)

Estamos sempre às voltas com os mistérios do mundo, da vida e o nosso próprio mistério. Agora são três mistérios a serem desvendados, mas podemos resumir em apenas um. Este que carregamos no peito. Podemos chamá-lo de angústia? Não há descanso...

A angústia é característica humana. É uma espécie de chave que pode abrir a porta para melhor compreensão da liberdade humana. Mas precisaremos procurar tal chave no mundo, na vida e principalmente em nós, pois caso não a encontremos, sentiremos a aflição, a estreiteza que nos reduz a prisioneiros do tempo, do espaço ou de nós mesmos. Aliás, esse mistério e a busca para desvendá-lo podem ser saudáveis, se na medida certa. Caso queiramos rechaçá-los ou ignorá-los, nos perderemos de nós, deixaremos de ver fundo e ver longe. Negar a própria angústia, negar a angústia da vida e a angústia do mundo, não somente é ruim por perder a chave, mas também perdemos a pouca visão que temos de nós e nada nos restará. O contrário também cega, pois muita luz ofusca os olhos.

No exagero das reflexões, na busca de entender a chave e o mistério, corremos o risco de não vermos as portas, perderemos portas já abertas. Ficaremos cárceres de nós mesmos.

Cárceres com a chave na mão. Quem busca a chave, busca a porta que dá para a vida e para o mundo. Busca a liberdade.

Não há descanso para quem busca a liberdade e não há liberdade para quem não a buscar. Para compreendermos como abrir portas, precisamos manter viva a vontade de desvendar os três mistérios: Nós, a vida e o mundo. Mas após atravessarmos tal porta em busca da liberdade, estaremos frente a frente com outros seres humanos, outros mistérios, tão parecidos e tão diferentes de nós. A liberdade não depende somente de um ser, mas da responsabilidade das relações. Não há descanso, mas sabedoria; não há tranquilidade, mas vontade, luta e sentido...

> A liberdade pressupõe vínculos, refere-se a vínculos. Mas tal referência não significa submissão nenhuma. O chão em que o homem caminha, transcende-o ele a cada passo e, em última análise, tomando-o como chão unicamente na medida em que lhe serve de ponto de apoio para saltar.
>
> (FRANKL, Viktor E. *Psicoterapia e Sentido de Vida*. São Paulo: Quadrante, 1989, p. 120)

Se antes estávamos presos em nós mesmos, podemos perceber que agora estamos presos aos vínculos que vamos estabelecendo pelo caminho. E como diz o poeta lusitano, Camões: "É querer estar preso por vontade." Existe uma angústia que é da essência humana e que nos move ou nos paralisa em nossa existência. Diante de cada escolha que no dia a dia somos chamados a fazer, somos lançados em muitas renúncias que às vezes percebemos, às vezes não.

As escolhas implicam renúncias, mas nem sempre escolhemos. Por vezes somos escolhidos. Ou melhor dizendo, somos acometidos por surpresas. Espantados, somos atirados num vazio que pode ser expresso em nossa mente ou em nosso corpo. Sentimo-nos ameaçados, mas não vemos de onde vem a ameaça. Sabemos que não são palpáveis e sequer explicáveis, mas nos parecem reais.

Quando atingimos certo apogeu de compreensão diante da angústia que nos assola, mais responsabilidade existe em nosso viver, exigindo em nosso íntimo maior aceitação do mundo. Quando compreendemos e aceitamos que existem mistérios a serem desvendados, passamos a nos tornar melhores pessoas, pois nos limites de nossa existência reconheceremos a humildade. Percebemos que tendo vontade própria, temos nosso livre-arbítrio, ainda que preso a algo.

Quando Sartre afirmou sua famosa frase, "O homem está condenado a ser livre", nos deixou como cárceres solitários e com a chave nas mãos. Embora não haja nada que nos prive de olhar por outro prisma. Podemos ver que não é exatamente uma condenação, mas uma condição humana inerente a nós, que se estivermos conscientes, podemos trazer a liberdade de volta à nossa existência com o livre--arbítrio. Mas é inegável que a condição de escolha (o livre--arbítrio) é a chave da nossa responsabilidade.

Enfim, de uma forma ou de outra, somos livres, inclusive para acreditarmos que não somos. Superar a nós mesmos é uma capacidade especificamente humana:

> Felizmente, temos a capacidade de assumir compromissos e de arriscar nossa vida pelo valor de algum "projeto pessoal", embora não possamos provar o seu valor ou ter certeza de seu êxito. Nossa fé num projeto pode ter apenas meia certeza, mas isso não significa que devamos ficar quase indiferentes. Ser capaz de apostar a vida é a capacidade máxima do homem.
>
> (ALLPORT, Gordon Willard. *Personalidade: Padrões e desenvolvimento.* Trad. Dante Moreira Leite. São Paulo: Edusp, 1973, p. 682)

Somos livres também para amar. Amar uma missão, amar alguém, amar a Deus. São condições humanas que requerem escolhas. Com a aceitação compreendemos a base da angústia humana, mas com amor a angústia pode ser superada. Então vejamos:

> Por conseguinte, a angústia cotidiana dos seres humanos pode ser anulada na experiência amorosa do pertencer imediato ao fundo inabalável, basilar.
> Mas se alguém se mantém realmente aberto à essência total e não disfarçada de angústia, é aí justamente que ela abre aos seres humanos aquela dimensão de liberdade na qual, e só então, se possibilita o desdobrar das experiências do amor e da confiança.
>
> (BOSS, Medard. *Angústia, culpa e libertação.* São Paulo: Livraria Duas Cidades, 4. ed., 1988, p. 36)

A angústia e a ansiedade têm etimologicamente a mesma origem. Seja um sentimento de estreitamento ou sufocação, seja um sentimento de preocupação ou pavor, mas qualquer explicação que seja, o medo faz parte dessa compreensão. Quando queremos controlá-las, mais as sensações se desvanecem de nosso entendimento, pois vivem longe, em nossa frente. Parecem inalcançáveis e sabemos que se algum dia as encontrarmos, não saberemos jamais como proceder.

Angústia e ansiedade parecem ser a mesma coisa, mas não são.

A angústia nos parece um medo que habita nosso peito antes do tempo, pois sabemos que um dia morreremos ou não existiremos mais. Carregamos o peso de um medo invisível e sem fim, um medo invasor, agora, neste tempo vivido.

A ansiedade, por sua vez, parece ser o mesmo medo, porém, agora fora de nosso alcance, mas mesmo estando longe, ameaça nosso ser físico e psíquico, sem explicação, causando sintomas que vão do medo ao pânico e invadem todo o nosso ser, que pede ajuda sem saber como e sem saber para quem. Um medo confuso, claramente inexplicável e, portanto, paradoxal.

Medard Boss observou que, quando a angústia é superada, a coragem e o medo deixam de existir e a confiança passa a residir ali. Observou no outro, seja no herói, no inocente, mas principalmente nos "santos", um desdobrar-se de amor quase incompreensível, admitindo que é justamente aí que, com confiança e um "estar-abrigado", a pessoa angustiosa se liberta. Já não precisa da coragem, porque não havia angústia. Não havia mais angústia ou medo, porque havia rendição e desdobrar-se para o amor.

Quanto ser humano jovem cheio de vida já tomou a seu cargo, sem angústia, a morte pelo amado ou pela amada! Diz-se que também os heróis sacrificam a vida, sem medo algum, por amor à pátria ou a uma ideologia política, ou um futuro melhor para a humanidade. Para inúmeros santos a morte pela honra de seu deus foi pura alegria. Também parece pertencer à vida humana este contrapoder à angústia, que se manifesta nos fenômenos do amor, da confiança e do estar-abrigado. Não a coragem. Esta só está onde ainda domina angústia. A coragem pode enfrentar a angústia. Onde não há angústia a ser superada, não é preciso coragem. (*Ibidem*, p. 33)

Toda angústia é a angústia da morte, disse Medard Boss. Será?

Para Paul Tillich, além da angústia ou ansiedade frente ao destino e à morte, que para ele é ôntica, existem outras duas; a ansiedade do sentimento de vacuidade e insignificação, ligada à dimensão espiritual; e a ansiedade diante da culpa e da condenação, ligada à autoafirmação moral. Para ele, a luta entre este ser ligado ao Todo e a possibilidade do não-ser ligado ao Nada representa a fonte geradora da ansiedade humana natural e não neurótica.

Tillich com clareza nos aponta que pela coragem de ser, a confiança se estabelece, assim, ele nos remete a reflexões sobre a confiança em nossa significação. A fé, para ele, parece ser explicavelmente compreensível e aceita.

É concebível que toda a vida humana possa ser entendida como uma tentativa constante de evitar o desespero.

Em quaisquer condições o que se passa é a tentativa de todo ser humano de manter a esperança. Diz que em geral a humanidade se sai bem.

Sabemos que o reverso da esperança é a desesperança. Se cairmos nesta, sentiremos o desespero da falta de sentido e do vazio existencial. Não há "des-desesperança", nem é fácil o caminho de volta, porém, sempre é possível retomar a esperança, desde que não voltemos atrás.

Não há como retroceder, mas ao aceitar e suportar, o ser humano se torna capaz de atravessar a "escuridão" tão familiar para muitos. É importante notar e lembrar que São Francisco de Assis, Martinho Lutero, São João da Cruz e outros passaram por "noites escuras", mas, por persistirem no caminho, retomaram a fé com ainda mais luz.

> Os três tipos de ansiedade estão de tal maneira entrelaçados que um deles dá a cor predominante, porém todos participam na coloração do estado de ansiedade. Todos eles e sua unidade básica são existenciais, e, isto é, estão implicados na existência do homem como homem, sua finidade e seu extravio. Estão realizados na situação de desespero para a qual todos contribuem. Desespero é uma situação extrema ou de "linha de fronteira". Não se pode ir além dela.
>
> (TILLICH, Paul. *A Coragem de Ser: Baseado nas Conferências Terry Pronunciadas na Yale University*. Trad. Eglê Malheiros. São Paulo: Paz e Terra, 5. ed., 1992, p. 42)

Quem não experimentou, em algum momento, uma espécie de sofrimento que o deixou com uma sensação de desamparo? Se podemos aprender lições com isso, não devemos desperdiçá-las. Quando o aprendizado vem com o sofrimento, nossa atitude imediata será de rejeição. É comum. Vimos tal mecanismo nos homens mais santos da história. Para alguns foi um momento de quarentena, para outros foi um momento fugaz, mas a única chance era transcender.

Se não percebermos imediatamente o que a vida está propondo como ensinamento, podemos esperar um pouco mais, com paciência. Geralmente era assim na nossa infância. Foram vários acertos e erros, formando lições de aprendizado. São possibilidades para nos transformarmos. Embora menos desejadas e mais difíceis de suportar, são elas que seguramente farão resplandecer a esperança.

Pode acontecer com qualquer um. Somos capazes disso. Certamente não sabemos como prever. Não temos certeza, mas, precisamente onde vivem as dúvidas e se perde a esperança, onde a luz se apaga, podemos reavivar em nossa essência o que esses mestres nos mostraram como fé inexplicável. Se a desesperança encontra sua saída e solução na fé e na confiança, o mesmo ocorre com a angústia.

O oposto de angústia parece não existir. Medo e ansiedade também não têm opostos. Nunca ouviremos as palavras "desmedo" e "desansiedade", pelo menos não em nossa língua. Até mesmo o temor terá seu oposto como destemor, mas aqui, esse destemor está mais para o destemido e impensado impulso, talvez como a coragem dos que creem ou a impulsividade dos "heróis". De qualquer maneira, "desmedo" é um neologismo descartável, pois diante do medo encontraremos confiança e coragem para desfazê-lo.

Coragem é necessária para superar a angústia, mas com a chegada da confiança e a capacidade de amar, não há mais angústia nem a necessidade de coragem. Certamente nos parece verdadeira e perspicaz tal observação. É a nossa libertação ou, melhor dizendo, somos essencialmente livres. E mesmo que não saibamos, embora angustiados, podemos olhar para dentro de nós mesmos e acreditar na existência de nossa essência. Deduzimos que isso é possível com confiança e com amor. Nem sempre temos firmezas em nossas convicções e isso não é de todo ruim, pois as próprias convicções se tornam crenças que, se forem positivas, se reforçam mutuamente.

Observamos que tal confiança é morada permanente para alguns poucos, mas é inconstante para outros. Então, quando a dúvida voltar, voltarão as incertezas e, mais uma vez, precisaremos de tolerância e coragem até recuperarmos a confiança. Sabemos que é possível, já conhecemos o caminho. Esclarecemos nossas dúvidas com nossa própria experiência, mas devemos olhar para os exemplos daqueles que fizeram da fé e da confiança uma morada nas rochas da convicção.

Parece-nos que o único momento em que a convicção se torna maior do que a certeza, e ainda maior do que a dúvida, é quando tal convicção pode ser estabelecida na fé. As convicções são de fato pessoais. Portanto, em geral, estão abaixo das certezas, mas se não forem falsas ou com intuito de persuasão, se forem desprovidas de interesses ocultos, passam a fazer parte de nossas decisões internas, em dimensões espirituais que conduzem à ética e à razão.

Portanto, às vezes as convicções podem ser chamadas de crenças e nos levar além das certezas e incertezas, com a confiança da fé. Seja na fé profetizada, seja na fé observada, mas sobretudo na fé vivenciada. Por exemplo, com Viktor Frankl, contemplamos seus pensamentos que se sedimentam em rochas sólidas, de crenças vividas e transmitidas com a Logoterapia e análise existencial, com a seriedade que lhe é própria. Podemos contemplar, e até profetizar em partes, o que aprendemos e apreendemos, de tão acurada teoria. E, se além da teoria, observarmos a prática e a vida de seu fundador, podemos reunir bons exemplos para nossa melhor compreensão.

Até mesmo diante do imutável, quando o destino sobrepõe sua força, ainda assim o ser humano pode responder com uma atitude autônoma, encontrada na capacidade interna de ser livre, que certamente é capaz de conquistar com um pouco de esforço, paciência e sabedoria.

> A liberdade de decidir, o chamado livre-arbítrio, é coisa óbvia para o homem sem preconceitos, que tem a experiência vivencial e imediata de si, como ser livre. Para se poder pôr seriamente em dúvida o livre-arbítrio, é preciso estar-se tolhido por uma teoria filosófica determinista ou sofrer de uma esquizofrenia paranoica, numa vivência da própria vontade como algo não livre, como algo "feito". Mas no fatalismo neurótico, o que há é um livre-arbítrio encoberto: o homem neurótico barra a si próprio o caminho para as suas próprias possibilidades: atravessa-se a si próprio no caminho que o levaria ao "poder-ser".
>
> (FRANKL, Viktor E. *Psicoterapia e Sentido de Vida*. São Paulo: Quadrante, 1989, p. 123)

A angústia da escolha é natural. Escolhemos como devemos caminhar pelo mundo e pela vida. Procuramos escolher com quem caminharemos. Também somos escolhidos e aceitamos ou não. Num primeiro momento, devemos conquistar certa independência, com disciplina, para não nos sentirmos escravos de realidades que não são as nossas.

Num segundo momento, buscamos a interdependência, com as pessoas que escolhemos ter vínculos, e que nos escolheram também. Podemos dizer que a interdependência é aquele "querer estar preso por vontade", onde o amor, amizade ou zelo são estabelecidos por ambas as partes. Interdependência saudável é quando os objetivos são claros, éticos e buscados com a vontade de ambos.

Precisamos seguir pelo caminho estreito que existe entre o amor e o desamor. Andar na corda bamba do coração. Amar e ser amado numa dose equilibrada. Existem pessoas que só querem ser amadas, feito crianças que não cresceram e, com isso, buscam relacionamentos simbióticos, nos quais o outro tem que nutri-lo o tempo todo com um amor sem fim.

O oposto disso é aquele que parece nunca estar carente, aparenta ser uma fortaleza, nunca precisa de carinho, parece que nunca foi criança e procura relacionamentos com pessoas carentes. Querem confirmar uma superioridade que não existe, mas acabam por completar certa simbiose. Simbiose, neste caso, é quando as pessoas perdem suas identidades, agindo e vivendo pela metade.

São extremos, que ameaçam derrubar a frágil ponte da liberdade afetiva. Já sabemos que quem muito quer ser amado, esquece de ser amável. É o que os psicólogos chamam de 'carência dos afogados'. Talvez uma das maiores angústias na vida dos seres humanos seja essa, a de não ser amado ou de não saber amar.

A angústia de quem ama e de quem quer ser amado tem um certo itinerário, que está inicialmente ao nosso alcance, dentro de nós. Trata-se do amor-próprio. Ele precisa acontecer primeiro em nós, com respeito e responsabilidade, para então poder se transformar em doação. Talvez seja essa a tarefa mais difícil para compreendermos, porém, suspeitamos que na missão de amar podemos também encontrar o sentido da vida.

As angústias de saber ou não saber amar e de saber ou não saber se é amado são ambivalências que necessitam de muita sinergia e paciência, para que sejam lapidadas com o tempo. São interrogações pertinentes, que nos angustiam, mas também são provocadoras e, por isso, nos convocam a irmos em busca da liberdade possível.

> Para o homem, não é suficiente indagar o sentido e a finalidade da vida. As perguntas que a vida propõe a cada homem são mais importantes: quais os atos criadores que você realizará? Qual a responsabilidade que você assumirá por sua existência, agora que a tem? Quais das necessidades do mundo (não as suas) você satisfará?
>
> (ALLPORT, Gordon Willard. *Personalidade: Padrões e desenvolvimento*. Trad. Dante Moreira Leite. São Paulo: Edusp, 1973, p. 684)

Liberdade é a capacidade que a pessoa tem de tomar suas próprias decisões, portanto ser realmente livre implica optar e estar capacitado para isso. Ser humanamente livre é uma conquista, uma grande conquista, que só pode existir por intermédio da busca da mais alta compreensão. Manter-se livre é estar atento a cada opção que se segue, configurando sua própria vida, opondo-se ou escolhendo, criando suas respostas e tomando uma atitude diante da própria existência.

Enfim, chegamos a um certo entendimento de que a liberdade está ligada a decisões e escolhas, e estas são realizadas pelos enfrentamentos das angústias* que nos são naturais. Compreendemos que tais enfrentamentos são possíveis quando, com aceitação, nos abrimos para as experiências de confiança e amor.

Liberdade não é apenas caminhar, mas saber caminhar, e saber da importância de sermos caminhantes. E para sermos caminhantes, é fundamental que saibamos escolher os caminhos a serem seguidos; portanto, a liberdade não é somente caminhar, mas saber por que, para quê, para onde caminhamos. Assim, saberemos com quem caminhar.

Nossos passos não desenharão atalhos, mas estradas, e sabemos que a caminhada não é somente de prazer, medo ou sofrimento, mas pode ser de enfrentamento e coragem, nos despertando para a liberdade e o sentido da vida.

*Angústia. [Do lat. *angustus*.] S.f.1. Estreiteza, limite, redução, restrição: angústia de espaço: angústia de tempo. 2. Ansiedade ou aflição intensa; ânsia, agonia. 3. Sofrimento, tormento, tribulação: A triste revelação acarretou o agravamento de suas angústias. 4. Hist. Filos. Segundo Kierkegaard, determinação que revela a condição espiritual do homem, caso se manifeste psicologicamente de maneira ambígua e o desperte para a possibilidade da Liberdade. 5. Hist. Filos. Segundo Heidegger, disposição afetiva pela qual se revela ao homem o nada absoluto sobre o qual se configura a existência. (FERREIRA, Aurélio Buarque de Holanda. *Novo Dicionário da Língua Portuguesa*. Rio de Janeiro: Nova Fronteira, 2. ed., 1986, p. 99)

16. Atitude e Aceitação!

*Quando não confio, sou fio partido,
Que não tece, nem se estabelece
Na trama da vida.
Quando não rio, não crio,
Sou barco à deriva, sem perspectiva...*
tp

    A visão pessimista de alguns homens pode ser uma limitação em sua consciência, mas, também, muito se propaga a ideia de que a lucidez está ligada a tal pessimismo. Se o pessimista, ao ver a realidade como terrível, e ver os outros seres humanos, assim como ele, com uma constante infelicidade, se assim procede, se fecha e perde a chance de abrir-se às reivindicações da vida, da realidade e do livre-arbítrio. O pessimista, por certo, há de ter, vez ou outra, aparente razão, mas sabemos que isso é apenas esporadicamente, e no intuito de generalizá-las, não sabe como cultivar a real lucidez. Não nos parece ser o pessimismo a régua para medir a realidade.
    Nem a revolta! Revoltamo-nos com facilidade e perdemos a melhor compreensão que teríamos se aceitássemos que o sofrimento humano tem sido uma das oportunidades

de encontrarmos força em nosso caráter. Sentimos mais a vida quando ela tem perigo e a sensibilidade aumenta muito mais quando a vida está na proximidade da morte. Não deveremos desejar isso, mas saber disso e, quando for inevitável, podemos estar um pouco mais resilientes e realistas. A vida nos presenteia, nos cobra e nos surpreende!

Por vezes, nos sentimos como se estivéssemos num céu, outras vezes num purgatório e, outras ainda, parece que tudo transformou-se em inferno. Recebemos gratuitamente muito mais do que percebemos, e aqui reside a importância de manter a nossa gratidão. Mas sempre que agradecemos, há de se ter um sujeito para agradecer. Alguns agradecem a própria vida, outros agradecem a Deus, outros à natureza. Há aqueles que não agradecem o que de graça receberam ou silenciam diante da gratuidade recebida, mas participam e desfrutam desses presentes vivenciais.

Se observarmos bem, podemos agradecer pelo café da manhã que desfrutamos, um alimento escolhido e preparado para um dejejum, e se não nos apressarmos demais, se nos ocuparmos com o tempo dessa refeição matinal, estaremos em sintonia com a consciência do momento presente. Do amanhecer até o anoitecer, somos brindados o tempo todo. Claro que sabemos que as frequentes distrações ou obrigações em nosso viver se impõem e são competitivas, na peleja daquilo que nos vem de graça e daquilo que temos que realizar.

Estamos sempre cobrando respostas da vida, mas a vida também nos cobra respostas. É frequente que as nossas queixas sejam aquelas sobre o que nos falta. É claro que nem tudo vem de graça, mas que a maior parte daquilo que vivenciamos vem sim na gratuidade da existência, no entanto, a parte que nos cabe nas tarefas da vida parece ser infinita, mas apenas parece. Quanto mais reclamamos, mais pesada a vida fica.

O que chamamos de presente, cobrança ou surpresa é bem esclarecido por Viktor Frankl, quando nos aponta os três valores: valores vivenciais, criacionais e atitudinais.

> Sempre que realizamos valores, estamos cumprindo o sentido da existência, estamos a impregnando de sentido. Os valores podem ser realizados de três modos distintos: criando algo, o mundo, por exemplo; experimentando algo, como seja, abrindo-nos para o mundo, para beleza e a verdade da vida; finalmente, sofrendo, sofrendo a existência, o destino. Aos valores que se realizam pelo sofrimento do mundo e do destino, o próprio fato de haver na pessoa um retraimento diante da realização dos valores criadores e vivenciais dá uma oportunidade de desdobramento pela adoção de uma atitude adequada. O retraimento necessário e a limitação das possibilidades de valor acabam significando um avanço no rumo do mais alto sentido das mais elevadas possibilidades de valor que o sofrimento contém em si. Quem seria capaz de interpretar a gestação de sentido que o sofrimento comporta? As possibilidades dos valores, tanto criadores quanto vivenciais, podem ser limitadas e, portanto, esgotar; já a capacidade de preenchimento de sentido do sofrimento é ilimitada, e por isso os valores atitudinais situam-se mais alto que os criadores e vivenciais no que respeita à hierarquia moral.
>
> (FRANKL, Viktor E. *O Sofrimento Humano, fundamentos Antropológicos da Psicoterapia*. São Paulo: É Realizações, 2019, p. 296)

Quando superamos um sofrimento, o que fica? Essa é uma pergunta que deve ser interrogada por todos nós, não só antes do sofrimento, mas durante e depois. É esclarecedor fazer essa pergunta, mas mais esclarecedor é respondermos essa pergunta ao percebermos que aquele sofrimento passado pode nos tornar melhores pessoas, no aprendizado da tolerância, na dor suportada ou na atitude heroica e suportável de aguardar o tempo de florescimento.

Apesar de todos os mistérios, fazemos parte de um universo extraordinário, de tal forma que com o simples gesto e desejo de participar, transformar e desfrutar a vida, já estaremos mais perto de compreendê-la. O fardo percebido é aquele do qual queremos logo nos livrar, e sendo assim, passamos a vida como na conhecida história do cavalo italiano, que segue em direção à espiga de milho, amarrada numa vara em seu pescoço e em sua frente, com isso nunca a alcança, mas a segue sem fim.

Quando nos comportamos como criadores, como aqueles que fazem o que gostam e gostam do que fazem, o fardo fica mais leve e às vezes passa até a ser imperceptível. Devemos recordar sempre da história daquele senhor com seus 90 anos. Quando ele estava cuidando do canteiro da sua casa, um vizinho passou por ali, mostrando-se preocupado, perguntou-lhe: "Quando vai parar de trabalhar?" Ao que o senhor respondeu: "Somente quando eu ficar velhinho!"

É possível e visível percebermos que aquele fardo era leve para ele, ou talvez nem fosse um fardo. A parte que não vem de graça é a parte que parece ser a cobrança que a vida nos faz. O trabalho, o fazer e as tarefas são as respostas que a vida nos cobra. Gostaria de citar o início do capítulo chamado o "ato coexistencial" do amor, do livro *Prevenção Psicológica*, da autora Elisabeth Lukas, uma das principais escritoras sobre Logoterapia e uma grande sucessora da obra de Viktor Emil Frankl. Ela diz:

> Fiel a seus pontos de vista, Sigmund Freud mencionava dois objetivos a serem alcançados pela terapia: os pacientes psiquicamente enfermos precisavam readquirir:
>
> a) sua capacidade de sentir prazer.
> b) sua capacidade de trabalhar.
>
> Viktor E. Frankl modificou um desses objetivos terapêuticos e acrescentou outro. De acordo com o seu ponto de vista, os pacientes psiquicamente enfermos precisariam readquirir:
>
> a) sua capacidade de amar (em vez da capacidade de sentir prazer).
> b) sua capacidade de trabalhar.
> c) (e além disso) sua capacidade de sofrer.
>
> (LUKAS, Elisabeth. *Prevenção Psicológica*. Petrópolis: Sinodal/Vozes, 1992, p. 123)

Apesar de surpreendentemente sermos atingidos por sofrimentos, temos condições de superá-los numa decisão interna e própria de cada um. Penso que aqui somos todos, e cada qual, cavaleiros solitários. Cada um sendo o vencedor de si mesmo. Elisabeth Lukas nos convoca, com o texto acima, a nos responsabilizarmos com a tarefa do viver. Contextualiza o amor e o sofrer, na arte de viver, de saber viver, de saber sofrer e de saber amar. Ela também nos ensina:

> Do sentido e do não-sentido do sacrifício: uma renúncia tem que ter sentido, do contrário ela torna-se patológica ou patogênica. Existem renúncias que possuem sentido e renúncias que não possuem, e entre as que não possuem sentido existem as renúncias patológicas e as patogênicas. Uma renúncia patológica, na sua forma extrema, é um sintoma de masoquismo e de autotortura. Existem pessoas psiquicamente doentes que, por assim dizer, põem a coroa de espinhos na própria cabeça e por nada no mundo querem retirá-la. Gostam de fazer o papel de "mártires".
> [...] Uma renúncia patogênica, ao invés, pode ser bastante útil para o mundo, mas a longo prazo ela faz o autor da renúncia doente. Trata-se de sacrifícios realizados por fraqueza interior – por exemplo, quando alguém não quer decepcionar outras pessoas – e não por fortaleza interior – por exemplo, quando alguém realmente quer ajudar as outras pessoas. Um motivo bom é o motivo que esteja centrado em algo que possua sentido, orientado para realização de um valor. Sacrifícios que nascem de um bom motivo nunca prejudicam, pelo contrário, eles conferem à pessoa que se sacrifica motivos (de crescimento) adicionais. (*Ibidem*, p. 91)

A este propósito, percebemos que os fatos que nos elevam ou nos diminuem dependem mais de nossas atitudes do que dos fatos em si. Quando o sofrimento na vida é inelutável, resta-nos postarmo-nos diante da dor, respondendo com silêncio de coragem e bravura. Qual será a atitude de cada ser diante de um imutável e torturante sofrimento?

Se prostrarmo-nos apenas com lamento, a desesperança aumenta. Cabe aqui a aceitação e entrega para que possamos aceitar os cuidados que porventura virão. Mesmo aí, o homem pode encontrar um sentido em sua vida dependendo de sua atitude, e todos podem conseguir tal intento, ainda que cada qual à sua maneira.

Porém, aqueles que desconfiam, por exemplo, que essa vida não tem sentido e duvidam dela e de seu sentido intrínseco podem deixar o tempo passar, não se comprometem, não se responsabilizam, não se realizam, nem chegarão a desfrutar o sentido que estava por vir; e por mais absurdo que possa parecer, todo esse mecanismo construído para não sofrer termina num vazio existencial, que é o pior sofrimento que alguém pode vivenciar. A vida nos cobra uma resposta, mas também nos presenteia com ela mesma.

O sofrimento nos obriga a voltar para o essencial. Retornamos aos medos mais profundos, e desta forma podemos encontrar os recursos internos de enfrentamento e superação. Podemos concordar ou não que na realidade da vida não precisa haver sofrimentos, mas temos que concordar que o sofrimento faz parte da realidade. Na descrição que Viktor E. Frankl faz sobre o sofrimento dos prisioneiros nos campos de extermínio, fica evidente que questionar o sofrimento é singularidade do ser humano, mas Frankl vai além em suas questões e diz:

> A maioria se preocupava com a questão: 'Será que vamos sobreviver ao campo de concentração, pois caso contrário todo esse sofrimento não tem

sentido.' Em contraste, a pergunta que me afligia era outra: 'Será que tem sentido todo esse sofrimento, essa morte ao nosso redor? Pois caso contrário, afinal de contas, não faz sentido sobreviver ao campo de concentração.' Uma vida cujo sentido depende exclusivamente de se escapar com ela ou não e, portanto, das boas graças de semelhante acaso - uma vida dessas nem valeria a pena ser vivida.

(FRANKL, Viktor E. *Em Busca de Sentido*. Petrópolis: Sinodal/Vozes, 1999, p. 68)

O pessimista afirma, ao negar o sofrimento, sua não aceitação, e se isso é verdadeiro, também é verdadeira sua impotência frente a qualquer possibilidade de transformação. Parece-nos que a aceitação do que é inaceitável tem apenas dois caminhos: o rápido caminho da resignação ou o longo e doloroso caminho até a transformação.

A necessidade de justificarmos por que não queremos sofrer e o quanto nos recusamos a admitir que nem sempre o sofrimento pode ser abolido nos leva ainda mais à escuridão e à dor. Passamos por isso, uns mais, outros menos, mas se a negação é estática, paralisante, o oposto se dá com a aceitação, que é dinâmica, passando por diversas etapas, em caminhos de solidão, de raiva, de medo, de depressão, até atingir o verdadeiro apogeu da redenção, se esta for uma aceitação transformadora, provocando a consciência para outro patamar mais alto, numa atitude de compreensão mais elevada.

Por exemplo, o filme *Feitiço do Tempo* ("dia da marmota"), comédia romântica de 1993, dirigida por Harold

Ramis, onde o personagem Phil Connors (protagonizado por Bill Murray) fica preso no tempo e nas cinco fases do "modelo de sofrimento de Kübler-Ross". O arrogante personagem acorda sempre no mesmo dia, com o despertador anunciando a hora, sempre a mesma hora e a mesma música naquele rádio relógio.

Podemos fazer um paralelo com nossas vidas e nossos dias, pois muitas vezes estamos presos numa rotina entediante, construída e mantida por nós mesmos. E seria arrogância nossa não admitirmos que já agimos com tais mecanismos de negação em alguns momentos da vida. Ao repelirmos as atitudes egocêntricas do personagem, não percebemos o quanto corremos o risco de repetirmos tais atitudes, e podemos admitir que se não mirarmos nossos próprios abismos, cairemos na fase de negação, mecanismo de defesa que, além de não nos defender em nada, nos deixa cegos e sem rumo. Entre a arrogância e a negação, inicia um processo de raiva, uma espécie de rancor e desprezo pelo amor.

Conhecemos isso! Quando negamos, quando dizemos assim: "Não está acontecendo. É somente um pesadelo". E quando nos revoltamos: "Meu Deus! Por que comigo?". Mas já sabemos que, além da raiva, vem a depressão e/ou a tentativa de negociação: "Se ao menos eu for bondoso"; "Se perder a terra, ganharei o céu". Isso se dá com a intenção de ganhar, jamais de se doar verdadeiramente.

No filme, observamos o personagem desesperado, buscando suas finalidades a qualquer meio, com pressa, sem consciência, manipulando e desqualificando as coisas mais simples e até mesmo as pessoas mais queridas. Quanto mais foge, mais se perde, sente-se mais deprimido e preso em si mesmo. Novamente percebemos em nós os mesmos vícios. O vício de desqualificarmos as finalidades em detrimento dos meios. Se a busca está errada, a direção estará errada, nunca chegaremos a lugar nenhum. Se conduzirmo-nos de forma desleal, apressada e mesquinha, acabaremos solitários e não chegaremos a nenhum lugar, tampouco teremos por que chegar.

Entretanto, a exaustão da busca errada pode nos levar a reflexões internas, onde buscaremos o essencial daquilo que somos. Estaremos assim mais próximos da aceitação transformadora. O enredo dessa comédia é muito sério e agradável, nos aponta para um autoconhecimento. Com o passar do tempo esse filme está se tornando um clássico para os cinéfilos e para os psicoterapeutas. Sugeri a um jovem amigo evolutivo que assistisse a esse filme, com ressalvas de que poderia ser, para ele, jovem de vinte anos, inteligente e curioso, apenas uma simples comédia, mas que, se abrisse os olhos com atenção, poderia perceber além, vendo os meandros da psicologia humana. Foi o que aconteceu.

Após ver o filme, escreveu-me: "Personagem tão parecido conosco. Uma face facilmente transbordadora, a qual deve ser diariamente entendida por nós mesmos, para que esteja mais longe possível de influenciar nossas ações cotidianas. A ideia de que somos insuperáveis coloca-nos em uma situação de risco: sermos medida de autorreferência. No filme, sentimos claramente como esse comportamento é um repelente para as relações humanas, embrutecendo nossa capacidade de contemplação da realidade e, por conseguinte, de desfrutar conscientemente da imensidão da vida e suas respectivas formas de amor. Todos os dias, negamos ante os nossos olhos a doçura e leveza e serenidade da vida. É interessante pensar em como o cenário atual da pandemia explicou a deturpação que se encontra em nosso ser. Mesquinhos, destemperados, fracos, egoístas. Tais definições relativas a como estamos incessantemente negando a flor que se abre a nós, todos os dias, negando, assim, o amor". Ao colocar-se de forma empática e adequada no lugar do protagonista, o jovem possivelmente encontrou mais clareza em sua busca de autoconhecimento.

Esse comentário nos pareceu bastante pertinente para compreender que a aceitação transformadora requer aprendizado e conhecimento. Para contemplarmos a realidade, precisamos da aceitação de nossos limites. Teremos melhores êxitos se aceitarmos a vida, desde seu nascimento até o final. Não é caminho pronto nem fácil. A aceitação pode nos levar ao amor ou à felicidade, mas somente transcenderemos os limites ao compreendê-los, num todo, inclusive no que concerne ao sofrimento humano. Até mesmo no último instante de cada ser humano pode ser encontrado o sentido mais elevado, se for encontrado por este com serenidade, sabedoria e aceitação.

A psiquiatra e escritora Elisabeth Kübler-Ross foi a pioneira no tratamento de pacientes em estado terminal; em seu livro *Sobre a morte e o morrer*, ela descreve os conhecidos cinco estágios do luto: negação, raiva, barganha, depressão e aceitação; tais fases podem ser vistas em vários acontecimentos da vida, geralmente em situações frente a grandes sofrimentos como, por exemplo, lutos, perdas, separações, mas também ocorrem em pequenas situações e, com um pouco de atenção, podem ser bem perceptíveis.

Ainda assim, mesmo diante do inevitável sofrimento, a pessoa pode se reerguer em seu ato solitário e heroico. Diante da morte, por exemplo, há a chance de se erguer frente ao destino, como se estivesse preparado para a viagem inusitada. Elisabeth Kübler-Ross nos esclarece:

> Não se confunda aceitação com um estágio de felicidade. É quase uma fuga de sentimentos. É como se a dor tivesse esvanecido, a luta tivesse cessado e fosse chegado "o momento do repouso derradeiro antes da longa viagem", no dizer de um paciente.
>
> (KÜBLER-ROSS, Elisabeth. *Sobre a morte e o morrer*. Trad. Paulo Menezes. São Paulo: Martins Fontes, 7. ed., 1996, p. 125)

A nós, seres humanos, quando queremos, não há nada que impeça de sermos ainda melhores do que somos. Ao vencermos no mundo as amarguras, ao vermo-nos de grandes alturas, seremos mais profundos.

Ao aceitarmos, em nós e nos outros, tristezas ou alegrias, raivas ou rancores, dores e sofrimentos, já estaremos num caminho possível de transformação, ainda que longe da chegada. Para que a aceitação aconteça, antes precisaremos aceitarmo-nos plenamente, do coração à razão, do corpo ao espírito, e resgatarmos a luz da vida, sem negarmos a escuridão inevitável. E tudo isso sem tornarmo-nos egoístas.

Quando atingimos um ideal, ele deixa de ser ideal e passa a ser real. É paradoxal, mas é real. O ideal é sempre algo distante de nós e, por mais distante que seja, paradoxalmente reside em nossos corações. É mais para ser seguido do que para ser conquistado. Quando estamos nessa estrada idealizada, seguindo em direção aos nossos melhores planos, podemos perceber que esses planos não são fáceis de serem realizados, sequer são eles a felicidade pronta que tanto almejamos, mas, novamente e paradoxalmente, podemos experimentá-los ainda incompletos, como um estado de felicidade de quem está caminhando, buscando!

O fato de estarmos nesta estrada de busca já nos será reconfortante. Além do mais, quando atingimos algumas metas que estabelecemos no decorrer das buscas, é como se conquistássemos o alto de uma serra, e de lá avistássemos outra serra a ser seguida. Portanto, quando atingimos um ideal, ele deixa de ser sonho e se torna realidade, e ali do alto devemos parar um pouco para celebrarmos com o corpo e a alma a conquista realizada, porém, em breve, seguiremos.

Muitas vezes não vemos sentido na vida e, nesses períodos, nada nos faz felizes. Pior é quando vemos na morte um fim sem sentido. Dúvida esta que, vez ou outra, pode nos invadir inesperadamente, porém precisamos de muita atenção e discernimento para não deixarmos jamais de acreditar que a vida sempre oferece um sentido, uma finalidade.

> Quantas vezes não nos vêm dizer que a morte põe em dúvida o sentido da vida inteira! Quantas vezes nos dizem que, em última análise, tudo carece de sentido, já que a morte no fim tudo destrói! Ora

bem: poderá a morte realmente corroer esse sentido que caracteriza a vida? De maneira nenhuma! Pelo contrário: porque, que aconteceria se a nossa vida não fosse finita no tempo, mas antes temporalmente ilimitada? Se fôssemos imortais, poderíamos, com razão, adiar cada uma das nossas ações até o infinito; nunca teria a menor importância o realizá-las agora, neste momento preciso, podemos muito bem realizar-se amanhã ou depois de amanhã, ou daqui a um ano ou dez. Em compensação, tendo em vista a morte como fronteira infranqueável do nosso futuro e limite das nossas possibilidades, vemo-nos obrigados a aproveitar o tempo de vida de que dispomos e a não deixar passar em vão as ocasiões irrepetíveis que se nos oferecem, ocasiões essas cuja soma "finita" representa precisamente a vida toda.

(FRANKL, Viktor E. *Psicoterapia e Sentido de Vida*. São Paulo: Quadrante, 1989, p. 109)

A vida é plena de sentido do começo ao fim. Por vezes os dias são de brisas, outras vezes de ventanias. Nas turbulências da vida é que corremos o risco de perder de vista o sentido, embora seja nessas horas que o sentido tem sua maior força.

Saber viver de verdade também requer outro cuidado: desfrutar do dia a dia, festejar a vida, ser simples. Viver. Quando a vida for de plena luz, deixar que esta luz nos ilumine, e quando for de sombra, devemos, mais do que nunca, procurar incansavelmente a centelha de luz que nos pertence. Saber que esta luz também reside na busca, na verdadeira busca. Reparem que enquanto estamos buscando sentido, já o estamos encontrando e, quando o encontramos, descobrimos que sempre esteve em nós.

Nós, seres humanos, não estamos preparados, mas estamos nos preparando... Mal sabemos nascer, e raramente sabemos renascer. O sábio e a criança sabem renascer. A folha seca e a semente sabem sua hora de acontecer.

RENASCER
A última inspiração
O último olhar
O último toque
O último gesto de perdão
A última vontade de amar
Iluminará o coração.
A vida não termina
Apenas ensina
Que o último instante é novo
Um ovo distante do voo
Prestes a renascer
Enfim,
A chance que Deus dá,
É o início que nascerá
No fim...

Uma vida inteira é semelhante a um dia qualquer. Nascemos pela manhã e por mais aconchegante que seja o leito, precisamos despertar e levantar, para seguirmos pelo dia afora. A energia matinal se perde no decorrer do dia e o cansaço vespertino nos invade até chegar à noite, quando cansados de um dia de luta, relaxamos no aconchego do lar, e repousamos novamente, como quem parte, até o amanhecer do próximo dia. Assim seguiremos, até o instante final, quando descansaremos no silêncio do último sonho.

Quem sabe?

Será que encontraremos o repouso de paz, sem sofrimento?

Vamos crer que sim! Finalmente estaremos amadurecidos para amanhecermos na luz do dia especial, no lugar que nos será desconhecido ou reconhecido; quem saberá?

Provavelmente será bem diferente do que foi desejado, de tanto que desejamos. E será sem o grande temor que tanto temíamos. E, quem sabe, será maior o amor que receberemos e que mal pensávamos que mereceríamos!

Quem sabe?

Referências Bibliográficas

ALLPORT, Gordon Willard. *Personalidade: Padrões e desenvolvimento*. Trad. Dante Moreira Leite. São Paulo: Edusp, 1973.

_____. *Desenvolvimento da Personalidade: Considerações básicas para uma Psicologia da Personalidade*. São Paulo: Edusp, 1975.

ANTÍCO, Cassiano. *A cor do anjo da guarda*. São Paulo: Vento Leste, 2020.

ARENDT, Hannah. *Origens do totalitarismo - Antissemitismo, imperialismo, totalitarismo*. São Paulo: Companhia de Bolso, 12. reimp., 2019.

BECK, Aaron T.; CLARK, David A. *Terapia Cognitiva para os Transtornos de Ansiedade: Ciência e Prática*. Porto Alegre: Artmed, 2012.

BECK, Judith S. *Terapia Cognitivo-Comportamental: Teoria e Prática*. Porto Alegre: Artmed, 2. ed., 2013.

_____. *Terapia Cognitiva para Desafios Clínicos*. Porto Alegre: Artmed, 2007.

BERNE, Eric. *O que Você Diz Depois de Dizer Olá? A Psicologia do Destino*. São Paulo: Nobel, 1991.

BOSS, Medard. *Angústia, culpa e libertação*. São Paulo: Livraria Duas Cidades, 1988.

CABALLO, Vicente E. *Manual de Técnicas de Modificação do Comportamento*. São Paulo: Santos Livraria, 1. reimp., 1999.

CHARDIN, Teilhard. *O Fenômeno Humano*. São Paulo: Cultrix, 1995.

CHEVALIER, Jean; CHEERBRANT, Alain. *Dicionário de Símbolos*. São Paulo: José Olímpio, 10. ed., 1982.

CONTOS de Ensinamento Do Mestre Sufi Nasrudin. Rio de Janeiro: Edições Dervish, s.d.

ECO, Umberto. *Pós-escrito a O nome da Rosa*. Rio de Janeiro: Nova Fronteira S.A., 1985.

FRANKL, Viktor E. *A falta de sentido*. Campinas: Auster, 2021.

_____. *Ante El Vacío Existencial*. Barcelona: Herder, 1997.

_____. *A presença Ignorada de Deus*. Petrópolis: Sinodal/Vozes, 17. ed., 2016.

_____. *A psicoterapia na prática: uma introdução casuística para médicos*. Trad. Vilma Schneider. Petrópolis: Vozes, 2019.

_____. *A vontade de SENTIDO, fundamentos e aplicações da Logoterapia*. São Paulo: Paulus, 2011.

_____. *Chegará o dia em que serás livre*. São Paulo: Quadrante, 2021.

_____. *Em Busca de Sentido*. Petrópolis: Sinodal/Vozes, 1985.

_____. *Fundamentos Antropológicos da Psicoterapia*. Rio de Janeiro: Zahar, 1978.

_____. *Fundamentos y aplicaciones de la logoterapia*. Buenos Aires: San Pablo, 2007.

_____. *O que não está escrito em meus livros – memórias*. São Paulo: É Realizações, 2010.

_____. *O sofrimento de uma vida sem sentido: caminhos para encontrar a razão de viver*. Trad. Karleno Bocarro. São Paulo: É Realizações, 2015.

_____. *O Sofrimento Humano*. São Paulo: É Realizações, 2019.

_____. *Psicoterapia e Existencialismo - textos selecionados em logoterapia*. Trad. Ivo Studart Pereira; Heloísa Reis Marino (revisão técnica). São Paulo: É Realizações, 2020.

_____. *Psicoterapia e Sentido de Vida*. São Paulo: Quadrante, 1989.

_____. *Psicoterapia para todos*. Petrópolis: Vozes, 2018.

FRANKL, Viktor E. *Psicoterapia: uma casuística para médicos.* Trad. Huberto Schoenfeldt. São Paulo: EPU, Editora Pedagógica e Universitária, 1976.

_____. *Sede de Sentido.* São Paulo: Quadrante, 2020.

_____. *Sobre o Sentido da Vida.* Rio de Janeiro: Vozes Nobilis, 2022.

_____. *Teoria e Terapia das Neuroses- Introdução à logoterapia e à análise existencial.* Trad. Claudia Abeling. São Paulo: É Realizações, 2016.

_____. *Um Sentido Para a Vida.* São Paulo: Santuário, 1989.

FROMM, Erich. *Análise do Homem.* Rio de Janeiro: Zahar, 1968.

GRIFFA, Maria Cristina; MORENO, José Eduardo. *Chaves para a psicologia do desenvolvimento, tomo 2: adolescência, vida adulta, velhice.* Trad. Vera Vaccari. São Paulo: Paulinas, 2001.

JUNG, Carl Gustav. *O Desenvolvimento da Personalidade.* Trad. Frei Valdemar do Amaral. Petrópolis: Vozes, 1986.

KIERKEGAARD, Søren. *O Conceito de Angústia.* Trad. Álvaro Luiz Montenegro. Petrópolis: Vozes, 2017.

KNAPP, Paulo *et al. Terapia Cognitivo-Comportamental na Prática Psiquiátrica.* Porto Alegre: Artmed, 2004.

KRISHNAMURTI, Jiddu. *A primeira e última liberdade.* São Paulo: Cultrix, 1968.

KÜBLER-ROSS, Elisabeth. *Sobre a morte e o morrer.* Trad. Paulo Menezes. São Paulo: Martins Fontes, 1996.

LEAHY, Robert L. *Livre de Ansiedade.* Porto Alegre: Artmed, 2010.

LOBATO, Monteiro. *O saci.* Manoel Victor Filho (ilustrações de capa e miolo). São Paulo: Brasiliense, 1994.

LUKAS, Elisabeth. *Logoterapia – A força desafiadora do Espírito.* São Paulo: Edições Loyola, 1989.

LUKAS, Elisabeth. *Prevenção Psicológica.* Petrópolis: Sinodal/Vozes, 1992.

MASLOW, Abraham H. *Motivacion Y Personalidad.* Madri: Díaz de Santos, 1991.

MEIRELES, Cecília. *Escolha O Seu Sonho (crônicas)*. Rio de Janeiro: Editora Record, 12. ed., 2001.

PEREIRA, Ivo Studart. *A ética do Sentido da Vida. Fundamentos Filosóficos da Logoterapia*. São Paulo: Ideias & Letras, 2013.

PEREIRA, Thales. *Os Nós da Ansiedade*. São Paulo: Ideias & Letras, 2020.

PERLS, Frederick Salomon. *Gestalt Terapia Explicada*. São Paulo: Summus, 1977.

PIANGERS, Marcos. *O PAPAI É POP*. Caxias do Sul: Belas Letras, 2015.

RANGÉ, Bernard; BORBA, Angélica. *Vencendo o Pânico*. Rio de Janeiro: Cognitiva, 2015.

SWIFT, Jonathan. *Viagens de Gulliver*. São Paulo: Globo S.A. / Círculo do Livro S.A., 1997.

TILLICH, Paul. *A Coragem de Ser: Baseado nas Conferências Terry Pronunciadas na Yale University*. Trad. Eglê Malheiros. São Paulo: Paz e Terra, 1992.

WILDE, Oscar. *O retrato de Dorian Gray*. Trad. Oscar Mendes. São Paulo: Abril Cultural, 1981.

Esta obra foi composta em sistema CTcP
Capa: Supremo 250 g – Miolo: Pólen Natural 70 g
Impressão e acabamento
Gráfica e Editora Santuário